Endzeit-Prophetie

Die Aktualität der Zukunftsreden Jesu Christi

Fritz Hubmer

Neuhausen-Stuttgart

CIP-Kurztitelaufnahme der Deutschen Bibliothek

Hubmer, Fritz:
Endzeit-Prophetie : d. Aktualität d. Zukunftsreden Jesu Christi / Fritz Hubmer. –
2. Aufl. – Neuhausen-Stuttgart : Hänssler ; Wuppertal : Blaukreuz-Verl., 1987.
  (TELOS-Bücher ; 1005 : TELOS-Paperback)
  1. Aufl. im Hänssler-Verl., Stuttgart
  1. Aufl. u. d. T.: Hubmer, Fritz: Im Horizont leuchtet der Tag
  ISBN 3-7751-1231-6 (Hänssler)
  ISBN 3-89175-028-5 (Blaukreuz-Verl.)
NE: GT

ISBN 3-7751-1231-6 (Hänssler-Verlag)
ISBN 3-89175-028-5 (Blaukreuz-Verlag)

2. Auflage 1987
TELOS-Bücher
TELOS-Paperback 1005
Bestell-Nr. 71 005
Die 1. Auflage erschien unter dem Titel: »Im Horizont leuchtet der Tag«
© Copyright 1971 by Hänssler-Verlag, Neuhausen-Stuttgart
Titelbild: WESTAgentur/Ottmüller
Umschlaggestaltung: Daniel Dolmetsch
Gesamtherstellung: St.-Johannis-Druckerei, Lahr
Printed in Germany   23729/1987

Inhaltsverzeichnis

Einführung in das Thema 7
Was verstehen wir unter der biblischen Geschichtsbotschaft? 7
Weltumfassende Folgerungen 9
Die Beschränkung der Zukunftsreden Jesu auf die Endzeit 11

Zwei Fragen und eine Antwort 12
Das Gesetz der prophetischen Verflechtung 13
Jesus durchleuchtet das Wesen der Endzeit 15
Der Nachdruck liegt auf der Seelsorge 17

Drei Perioden der Endzeit 18
Übersicht 18
Wehe-Perioden 20
Kein Geist der Verzagtheit beim Volke Gottes 21

Erste Endperiode: Der große Abfall 23
„Dieses ist der Anfang der Wehen" 23
Die Gefährdung des Glaubens 25
Die Gefährdung der Hoffnung 27
Die Gefährdung der Liebe 29
Jesu Seelsorge 32

Zweite Endperiode: Die Große Trübsal 35
Allgemeines zur zweiten Endperiode 35
„Davon gesagt ist durch den Propheten Daniel" 36
Der Tag des Zorns 38
Die „Auserwählten" der Großen Trübsal 41
Die Gefahr einer falschen Auslegungsweise 43
Falschprophetismus im Judentum der Endzeit 46
Juden und Araber im Gleichschritt der Endzeit 51
Der „Greuel der Verwüstung" und ein europäisches Großreich 52
    Wladimir Solojew sagt die „Vereinigten Staaten von Europa" an 53
    Europa auf dem Wege seiner endzeitlichen Gestalt 55

Falscher Prophetismus im Glaubensraum der Gemeinde Jesu 56
    Falsches Prophetentum linker Hand 58
    Falsches Prophetentum rechter Hand 59
Falsches Prophetentum — und die Bewahrung der Gemeinde 60
Die Autorität des prophetischen Wortes 61
Das Begehren der Jünger und das Schweigen Gottes 62
Ein kurzer Satz mit großen Folgerungen 64

Dritte Endperiode: Das Zeichen des Menschensohnes 67
Allgemeines zur dritten Endperiode 67
Das nächste, entscheidende Ereignis im Weltgeschehen 68
Worin besteht das Entscheidende im Ereignis der Wiederkunft Christi? 70

Im Zeichen der Sammlung 72

Im Zeichen der Überraschung 76
Der verdiesseitigte Lebensstil 78
Die Entrückung als geschichtliches Überraschungsgeheimnis 81
Jesu Weckruf um Mitternacht 83
„Zu einer Stunde, da ihr's nicht meinet" 85

Im Zeichen der Scheidung 88
Die Welt ist ahnungslos 89
Eine dreifache Scheidungsbotschaft 91

Das Wesen des Christseins als Konsequenz der Endzeit 94
Ein Vortext 94
Zwei Bedingungen 95
Das Jungfrauengleichnis erläutert die erste Bedingung 97
    Gemeinsames der beiden Gruppen 97
    Der schicksalhafte Unterschied 99
    Folgerungen 100
    Erneuter Weckruf 101
Das Knechtegleichnis erläutert die zweite Bedingung 102
    Das Besondere dieser Gleichnisbotschaft für jedermann 103
    Nachahmung Gottes recht verstanden 105
    Die Lebenshingabe des Jüngers 106
    Die Frucht der Gabe Gottes 107
    Zwangsopfer 109

Das Knechtegleichnis zum Nachdenken zusammengefaßt   112

Die kommende Welt am Jüngsten Tage   **114**
Der Jüngste Tag und die Völkergeschichte   115
Das Gericht über die lebenden Völker   117
Der Jüngste Tag und die Toten   118

Die drei Gerichte des Jüngsten Tages   122
Der Richterstuhl Christi   122
Zur Unterscheidung der zwei Menschheitsgerichte   125
Der Gerichtsmaßstab beim Völkergericht   126
Begründung dieses Maßstabs   128
Die Zukunft dieser „Gerechten"   133
Scheidungen auch im kommenden Gottesreich   135

Der Tag, dem keine Nacht mehr folgt   137

Einführung in das Thema

Wer von den Zukunftsreden Jesu spricht, spricht von fünf Kapiteln des Neuen Testaments, ungerechnet der Weissagungen Jesu, die noch in andere Textstellen der Evangelien eingestreut sind.

Die bekannteste dieser Zukunftsreden, die gleich zwei Kapitel umfaßt, steht in Matthäus 24 und 25. Ein gewaltiges Kolossalgemälde der letzten Weltstunde! Dann das Parallelkapitel 13 im Markusevangelium und Kapitel 17 und 21 im Lukasevangelium! Zusammen also fünf Kapitel Zukunftsreden Jesu! Schon dieser Befund läßt Rückschlüsse ziehen auf die hohe Bedeutung der Endweissagung Jesu. Man nennt die Zukunftsreden Jesu auch seine Parusie-Reden. Das griechische Wort „parusia" heißt beides, Ankunft und Gegenwart. Und beides trifft auf Jesu Wiederkunft zu, denn sie ist Ankunft zu seiner und seines verheißenen Reiches Gegenwart auf Erden.

Die Zukunftsreden Jesu sind für den, der sie kennt, ein hochwichtiger Beitrag zu jenem breit angelegten Verkündigungsbereich der Heiligen Schrift, den wir die „Geschichtsbotschaft" nennen. Es darf gesagt werden, daß gerade die weitgespannte Geschichtsbotschaft zusammen mit der Heilsbotschaft unserer Bibel das ungeheure Maß gibt, das sie besitzt. Beides — Heilsbotschaft und Geschichtsbotschaft — sind die Sendebereiche, aus denen die Bibel ihr flutendes Wahrheitslicht in unsere dunkle Welt bringt.

Was verstehen wir unter der biblischen Geschichtsbotschaft?

Die Aufteilung der Schrift in ihre Heilsbotschaft einerseits und in ihre Geschichtsbotschaft andererseits mag manchem Leser ungewohnt sein. Wir möchten daher im folgenden einige erklärende Hinweise geben.

Wenn wir in der Bibel Heilsbotschaft und Geschichtsbotschaft unterscheiden, dann natürlich nicht so, als wären diese beiden Bereiche voneinander getrennt. Es besteht vielmehr ein klares *Zueinander* dieser beiden Verkündigungsbereiche. Bildhaft gesagt baut sich die Geschichtsbotschaft auf der Heilsbotschaft auf wie die Kathedrale auf ihrem Fundament. Die Geschichtsbotschaft entfaltet die Heilsbotschaft in die Weite der Weltgeschichte hinein und gibt ihr den Horizont einer gewaltigen Zukunft. Aber gerade in diesem Zueinander liegt auch gleichzeitig eine gewisse *Unterscheidung*. Während die Heilsbotschaft im engeren Sinn die Bezeugung der gnädigen Sendung Jesu zur Rettung der gefallenen Welt ist, haben wir es in der Geschichtsbotschaft mit der Verkündigung der Zukunftsmächtigkeit Gottes in der Geschichte zu tun. Mit der Heilsbotschaft kümmert sich Gott um den verlorenen Menschen. Sie zeigt ihm den Weg der Rettung aus der Verlorenheit seines Lebens. Mit der Geschichtsbotschaft aber bekundet die Bibel, daß — über die Rettung des einzelnen Menschen hinaus — die gesamte Schöpfung einer neuen Geschichte entgegengeht. Zwar ist die Welt von der unüberwindlichen Mauer der Schuld, des Leides und des Todes umgeben. Der Mensch muß — ob er will oder nicht — mit dieser Mauer leben. Aber diese Mauer ist im Kreuz und in der Auferstehung Jesu aufgebrochen, und dies sowohl im Blick auf den einzelnen Menschen als auch im Blick auf die Geschichte.

Die Welt ist jetzt nach vorn geöffnet. Die ganze Schöpfung hat nunmehr eine Sendung in die Verheißungen Gottes und damit in die Möglichkeiten Gottes hinein. In diesen Möglichkeiten ist das „Nur-Menschenmögliche" aufgehoben und überholt. Jubelnd bekennt die gläubige Gemeinde mit ihrem Apostel: „Gott hat uns kundgetan das Geheimnis seines Willens nach seinem Wohlgefallen, das er sich vorgesetzt hat in sich selbst für die Verwaltung der Zeitenfülle (Zeitenabschluß): Alles unter ein Haupt zusammenzufassen in Christus, das, was im Himmel und das, was auf Erden ist, in ihm" (Eph. 1, 9 f.). Oder wie es der neutestamentliche Christuspsalm in Philipper 2 sagt: „Gott hat ihn (den Gekreuzigten) erhöht und hat ihm einen Namen gegeben, der über alle Namen ist, daß in dem Namen Jesu sich beugen sollen aller derer Knie, die im Himmel und auf Erden und unter der Erde sind und alle Zungen bekennen sollen, daß Jesus Christus der Herr sei, zur Ehre Gottes, des Vaters."

So zeigen die Zielverheißungen der Schrift das Heraufkommen einer völlig neuen Zukunft an — das Heraufkommen der Zukunft Gottes. Jesus drückt das in seiner großen Parusierede (Matth. 24 und 25) so aus: „Wenn aber des Menschen Sohn kommen wird in seiner Herrlichkeit und alle heiligen Engel mit ihm, dann wird er sitzen auf dem Stuhl seiner Herrlichkeit und werden vor ihm alle Völker versammelt werden. Und er wird sie voneinander scheiden, gleich als ein Hirte die Schafe von den Böcken scheidet, und wird die Schafe zu seiner Rechten stellen und die Böcke zur Linken" (Matth. 25, 31—34). Und in Matthäus 24, 30: „Alsdann wird erscheinen das Zeichen des Menschensohnes am Himmel. Und alsdann werden heulen alle Geschlechter auf Erden und werden sehen kommen des Menschen Sohn in den Wolken des Himmels mit großer Kraft und Herrlichkeit." Hier wird als entscheidendes Ergebnis der Wiederkunft Christi der Einbruch einer völlig neuen Geschichtswelt geweissagt — das kommende Gottesreich. Die alte Geschichtswelt geht unter und das verheißene Gottesreich der tausend Jahre ist da. Freilich wird dieses Reich der tausend Jahre noch nicht das Letzte sein. Über diese Naherwartung des Kommenden hinaus steht die Verheißung eines übergeschichtlichen Zieles, nämlich eines neuen Himmels und einer neuen Erde. Der zweite Petrusbrief drückt es mit den bekannten Worten (Kap. 3, 13) aus: „Wir warten aber eines neuen Himmels und einer neuen Erde nach seiner Verheißung, in welchen Gerechtigkeit wohnt."

Mit einer ausführlichen Schilderung dieses absolut Neuen und Letzten schließt in Offenbarung 21 und 22 die Proklamation beider Aussagebereiche der Schrift, der Heilsbotschaft und der Geschichtsbotschaft, ab.

Weltumfassende Folgerungen

Mit dem Hinweis auf die beiden Schlußkapitel der Bibel (Offb. 21 u. 22) ist unser Blick bereits auf die „höchsten Bergspitzen" der Prophetie gerichtet. Mit der Weite der Geschichtsbotschaft kann der Glaube die Welt im Lichte ihrer Zukunft sehen. Eine andere als die ihr im Worte Gottes bezeugte Zukunft hat die Welt nicht. Wenn sie darüber lächeln wollte — und es ist ein Leichtes, dies zu tun! — dann lächelt sie über ihre eigene Zukunft. Der Glaube aber ist dieser Zukunft gewiß. Er weiß, daß es sich um *Gottes* Zukunft handelt, in die *er* seine Schöpfung sendet. Und weil es *seine* Zukunft ist, ist sie gesichert. Gott selbst ist auf diese Zukunft hin der Handelnde. Die Welt ist dabei nur das Objekt, an dem der Vollzug Gottes geschieht.

In seiner Rede auf dem Areopag in Athen hat Paulus es vor den geistigen Führungsspitzen der griechisch-römischen Kulturwelt ausgerufen: „Gott hat einen Tag gesetzt, an welchem er richten will den Kreis des Erdbodens mit Gerechtigkeit durch einen Mann, in welchem er's beschlossen hat und jedermann vorhält den Glauben, nachdem er ihn hat von den Toten auferweckt" (Apg. 17, 31 f.).

Auf diesen „Tag" mit seiner grandiosen Wandlung der Dinge muß die Welt vorbereitet werden. Und sie *kann* darauf vorbereitet werden. Heute wie damals stellt Gott den Völkern die Aufgabe, daß sie — wie Paulus sagt — „den Herrn suchen, ob sie doch ihn fühlen und finden möchten. Gott hat die Zeit der Unwissenheit übersehen; nun aber gebietet er allen Menschen an allen Orten, Buße zu tun" (Apg. 17, 27 u. 30).

Jesus sagt seiner Retterbotschaft für die letzte Zeit eine weltweite Verbreitung voraus. Er weissagt: „Und das Evangelium des Reiches wird verkündigt werden allen Völkern zu einem Zeugnis, und dann wird das Ende kommen" (Matth. 24, 14). Das andere freilich läuft hart daneben: In geschichtlicher Gleichzeitigkeit mit der Erfüllung dieser Weissagung versperren die Verantwortlichen der Völker immer entschlossener den bürgerlichen Raum vor dem Evangelium in gottferner Denkweise. In diesem zweifachen Zeichen der weltweiten Verbreitung des Evangeliums einerseits und seiner Verwerfung andererseits reift die Welt dem organisierten Antichristentum der Erde entgegen. Es bedarf keiner besonderen Beweisführung, daß das biblisch geweissagte Bild der Endzeit sich heute schon in vielen Einzelheiten vor unseren Augen erfüllt. Der schmerzliche Einbruch des theologischen Modernismus und damit verbunden die tragische Verfälschung der Heils- und Geschichtsbotschaft Gottes mitten im Bereich des Weltprotestantismus ist nur *eines* der sprechenden Zeichen der Zeit. Dazu kommt die Mehrung der falschen Prophetenstimmen im Gewimmel zahlloser Sektenbildungen unserer Tage. Werfen wir den Blick noch auf die antichristliche Aktivierung der Weltreligionen alter und neuer Zeit im Islam, im Buddhismus, in den politischen Neureligionen der Ostländer, so ist diese Seite der Erfüllung endgeschichtlicher Weissagungen schon heute nahezu vollständig.

Die Beschränkung der Zukunftsreden Jesu auf die Endzeit

Es fällt beim genauen Zusehen auf, daß sich Jesus in seiner Fernprophetie auf die kurze Zeit des Vorabends seiner Wiederkunft beschränkt. Der Sohn Gottes spricht weder über das Tausendjährige Reich, das mit seiner Wiederkunft eingeleitet wird, noch über das allgemeine Weltgericht am Ende dieses Reiches. Nicht zu reden von den übergeschichtlichen Zielen der Weltvorhaben Gottes in einem neuen Himmel und auf einer neuen Erde. Kurz — die Architektur des biblisch-prophetischen Gesamtbildes der „letzten Dinge" bleibt in den Zukunftsreden Jesu unberücksichtigt. Es liegt auf der Hand, daß gerade in dieser *Beschränkung* die Weissagung Jesu für die Glaubensgemeinde der Endzeit eine hochaktuelle Bedeutung gewinnt. Die Parusiereden Jesu werden dadurch zu gezielten Botschaften an die Endzeit-Generationen, zu denen die unseren gewiß längst zu zählen sind. Wie dankbar müßten wir dem Herrn für jeden Satz dieser Botschaft sein!

Zwei Fragen und eine Antwort

Der Jüngerkreis hatte an den Herrn zwei Fragen gestellt. Sie beziehen sich zeitlich auf zwei weit auseinanderliegende Ereignisse. Überraschenderweise antwortet der Herr auf beide Fragen mit denselben Worten.

Wir lesen in Matthäus 24, 1—3 wie die Jünger ihre Fragen stellen:

> „Und Jesus ging hinweg von dem Tempel, und seine Jünger traten zu ihm, daß sie ihm zeigten des Tempels Gebäude. Jesus aber sprach zu ihnen: Sehet ihr nicht das alles? Wahrlich, ich sage euch: Es wird hier nicht ein Stein auf dem andern bleiben, der nicht zerbrochen werde. Und als er auf dem Ölberg saß, traten zu ihm seine Jünger besonders und sprachen: Sage uns, wann wird das geschehen? Und welches wird das Zeichen sein deiner Zukunft und des Endes der Welt?"

Die erste Frage: „Sage uns, wann wird das geschehen?" geht auf den Zeitpunkt der soeben vom Herrn angekündigten Zerstörung des herodianischen Prachttempels in Jerusalem. Diese Katastrophe ereignete sich bereits vierzig Jahre nach Jesu Ankündigung bei der Zerstörung Jerusalems im Jahre 70 durch den römischen Feldherrn Titus.

Die zweite Frage: „Welches wird das Zeichen sein deiner Wiederkunft und des Endes des Welt?" ist auf die weit später liegende Zeit der Wiederkunft Christi und die damit verbundenen Vorzeichen des „Endes der Welt" gerichtet[1].

---

[1] Inwieweit die Jünger bei dem Zusatz der zweiten Frage: „und des Endes der Welt" an einen Untergang der „*Naturwelt*" dachten, ist nicht festzustellen. Nach Offenbarung 20 u. a. St. ist der Untergang der Naturwelt erst 1000 Jahre nach der Wiederkunft des Herrn zu erwarten. Überraschenderweise aber korrigiert Jesus diesen Anhang ihrer Frage nicht. Der Grund dafür wird im Verlauf seiner Rede deutlich werden. Seine Wiederkunft wird in der Tat mit einem „Weltende" verbunden sein, nämlich mit dem Ende der bisherigen *Geschichtswelt*. Man lese dazu noch ein-

Wir haben es für unsere Betrachtung im Blick zu behalten, daß Jesus seine Antwort auf diese *zwei* Fragen gibt: Beide Fragen gingen damals noch in die geschichtliche Zukunft. Die eine ins Jahr 70, die andere in den Vorabend seiner Wiederkunft.

Das Gesetz der prophetischen Verflechtung

Das eben Gesagte entspricht einem Gesetz der biblischen Weissagung. Man nennt es die prophetische Verflechtung und versteht darunter die geschichtliche Doppelbedeutung einer Weissagung. Dieses Gesetz muß auch bei der Auslegung der Ölbergrede Jesu (Matth. 24. 25) gut bedacht werden.

Wie wir sagten, findet sich dieses Gesetz der Verflechtung auch in anderen Weissagungstexten der Heiligen Schrift. So bezieht sich eine Weissagung zunächst und erstmalig auf ein vorhandenes Ereignis, das sich in zeitlicher Nähe ihrer Aussage erfüllt. In diesem Fall sprechen wir von einer *Nahprophetie*. Ein und dieselbe Weissagung ist aber, in nicht seltenen Fällen, zugleich auch *Fernprophetie*. Das heißt, sie weist dann in geheimnisvoller Verflechtung mit ihrer Naherfüllung über diese hinaus in eine fernere Zukunft. Sie erfüllt sich ein zweites Mal, und zwar meist auf einer höheren Ebene ihrer Aussage. Das heißt, die fernprophetische Bedeutung ist dann nicht einfach eine mehr oder weniger zufällige Wiederholung der Naherfüllung. Diese Zweiterfüllung ist auf höherer Ebene vielmehr die tiefere und eigentliche Absicht der Prophetie. Es sei hier an das Beispiel der *„Immanuelsweissagung"* von der Jungfrauengeburt des Herrn in Jesaja 7, 10—16 erinnert oder an die „Kores-Prophetie" in Jesaja 45, 1 ff.! Ein besonders deutliches Beispiel der prophetischen Verflechtung einer Weissagung befindet sich in der Rede Jesu selbst. Jesus spricht Kapitel 24, 15 vom „Greuel der Verwüstung", den der Antichristus an „heiliger Stätte" aufrichten wird. Er verweist dabei auf das Buch Daniel und die

---

mal die weiter oben zitierten Verse Matthäus 24, 30 und 25, 31 ff. Diese Aussagen Jesu machen deutlich, daß zwar bei der Wiederkunft Christi nicht die Naturwelt untergeht, wohl aber die Geschichtswelt. Und wer wollte ihr nachtrauern?

dort gegebene Weissagung über Antiochus Epiphanes. Man vergleiche Matthäus 24, 15 mit Daniel 12, 11! Was nun in der Naherfüllung dieser Danielschen Weissagung durch Antiochus Epiphanes in der vorchristlichen Makkabäerzeit geschah, wiederholt sich in der Erhebung des endzeitlichen Antichristen in globaler (weltumfassender) Bedeutung, wenn dieser sich als „Mensch der Sünde in den Tempel Gottes setzt und sich ausgibt, er sei Gott" (2. Thess. 2, 4). Die Danielsche Weissagung hat also ihre Naherfüllung in Antiochus Epiphanes. Jesus aber verweist auf die zweite und eigentliche Erfüllung am Vorabend seiner Wiederkunft.

Die Antwort Jesu auf die zwei Zukunftsfragen des Jüngerkreises ist also ganz im Sinn der prophetischen Verflechtung zu verstehen. Und dies muß vor allem im Blick auf den ersten Abschnitt von Matthäus 24 beachtet werden. Wie erwähnt, gibt hier Jesus *eine* Antwort auf zwei Fragen der Jünger, die in der Erfüllung zeitlich weit auseinander liegen. Die eine liegt im Jahr 70, die andere im Vorabend seiner Wiederkunft. Die grundsätzliche Ähnlichkeit beider Zeiten ist zwar so groß, daß Jesus sie mit ein und denselben Weissagungsworten aussprechen kann. Was aber die einzelnen Züge ihrer Erfüllung betrifft, haben doch beide Zeiten auch ihre Verschiedenheiten. Diese sind allein schon mit dem Wachstum der Geschichte, die zwischen den zwei Zeiten liegt — jetzt genau 1900 Jahre —, gegeben. So versteht es sich im Grunde von selbst, daß neben den scharfgeschnittenen Gemeinsamkeiten der Weissagung — etwa der geweissagten Verführungsmächte, der Kriege und des Kriegsgeschreies, der Pestilenz und teuren Zeiten usw. — auch Unterscheidungen im Rahmen der geschichtlichen Erfüllung sichtbar werden. Ob es nun jedesmal fehlerfrei gelingt, den prophetischen Einzelausspruch der Worte Jesu für die eine oder die andere der beiden Erfüllungszeiten richtig zu deuten, muß offen bleiben. Dennoch braucht das Wagnis der Einzeldeutungen nicht in jedem Fall ein Risiko zu sein. Vor allem dann nicht, wenn die Auslegung in den Grenzen eines weiteren Grundgesetzes bleibt, dem wir im folgenden noch nachzugehen haben.

Jesus durchleuchtet das *Wesen* der Endzeit

Damit meinen wir das eben angedeutete Grundgesetz. Worin besteht dieses? Wir müssen mit unserer Antwort etwas ausholen:

Auch dort, wo die Belehrungen Jesu eindeutig auf die Ereignisse der Endzeit gehen, haben wir das Eigentliche seiner Belehrungen nicht etwa in einer präzisen Aufeinanderfolge des Ablaufs der Endgeschichte zu sehen. Jesus legt in seinen Zukunftsreden den Nachdruck sichtlich auf eine andere Sache. Er durchleuchtet das *Wesen* des Ablaufs. Jesus faßt bestimmte Stoßkräfte aus der sichtbaren und unsichtbaren Welt zusammen und zeigt sie einmal an dieser und dann an einer anderen Bewegung der Endzeit auf. Mit dieser Absicht durchbricht der Herr immer wieder einmal unbedenklich die genaue Reihenfolge im geschichtlichen Ablauf der Endzeit.

Ein Vergleich der Ölbergrede Jesu mit der Offenbarung Johannes macht dies deutlich. Der erhöhte Herr läßt in der Schau der Offenbarung von Kapitel 6 bis 19 dieselben Ereignisse des Endes am prophetischen Geist des Sehers vorüberziehen. Und hier — so will uns scheinen — ist die exakte Reihenfolge der Endereignisse durchaus eingehalten. Damit kann zwar nicht behauptet werden, daß nicht auch in der Offenbarung Johannes Abschnitte sind, die der chronologischen Einordnung Schwierigkeiten bereiten. Aber das prophetische Gesamtbild der Offenbarung befindet sich augenscheinlich im Rahmen eines übersichtlichen Nacheinander des Geschehens. Es verbietet sich uns nicht, hier von einer göttlichen Architektur der prophetischen Gesamtaussagen vom zukünftigen Weltgeschehen zu sprechen. Viele Einzelereignisse der alt- und neutestamentlichen Endweissagungen können hier mühelos und organisch in die Reihenfolge des geschichtlichen Ablaufs eingefügt werden. Und hier gerade scheinen die Schwerpunkte in den Aussagen zwischen der Apokalypse (Offenbarung Johannes) und den Parusiereden Jesu auf Erden bewundernswert verteilt zu sein. Wie oben gesagt: Statt die einzelnen Akte des Endgeschehens zu schildern und die exakte Reihenfolge im Ablauf der Dinge einzuhalten —

wie das in der Apokalypse geschieht —, durchleuchten die Parusiereden das *Wesen* dieses Ablaufs.

Als besonders deutliches Beispiel dieser Verschiedenheit kann die Gestalt des Antichristen gelten. Sie wird im Schaubild der Offenbarung in deutlichen Visionen gesehen und beschrieben. In der Evangelienweissagung hingegen finden wir die Gestalt des Antichristen überhaupt nicht vor. Um so deutlicher aber wird hier das Werden und Wachsen des antichristlichen Weltgeistes in allen Völkern und Zonen der Erde beschrieben, das dem Auftreten des persönlichen Antichristen vorausgeht. Nicht die Gestalt, um so gründlicher aber das Wesen seiner vorausgehenden Wirkungsformen in allerlei antichristlichen Geistesaufbrüchen wird durchleuchtet. Daß dies für das seelsorgende Grundanliegen der prophetischen Belehrungen von mindestens ebenso großer Bedeutung ist, als die Schau der Gestalt und der Wirkungsweise des persönlichen Antichristen, liegt auf der Hand. Denn nicht der Antichrist kommt und macht die Welt antichristlich, sondern die durch Geist und Wesen des Antichristentums antichristlich gewordene Welt bekommt zuletzt als ihre Spitze den Antichristen. Diese nun aus dem geschichtlichen Hintergrund die Endzeit schaffenden und bewegenden Kräfte herauszustellen, ist die Schwerpunktaufgabe der Endzeitreden Jesu. Es wird damit deutlich, daß, vor dem Wissen eines exakten Nacheinander der Geschehnisse, das Wissen um das Wesen der Dinge steht, durch das man den Gefahren der Verführung entgehen soll. Es fällt dem Beobachter auf: Selbst dort, wo der Herr in seinen Belehrungen das Prinzip eines gewissen Nacheinander der Geschehnisse einhält, was — wie gesagt — nicht durchweg der Fall ist, geht es ihm offenkundig und erstrangig darum, den „Stich hinter die Kulisse" zu tun, damit der Glaube rechtzeitig die entscheidenden Bewegungskräfte der Endzeit wahrzunehmen vermag. So kann der Jünger den raffinierten Verführungskünsten gegenüber gerüstet sein.

Damit aber sind wir beim Urwesentlichen der Zukunftreden Jesu und ihrer Bedeutung für den Glauben.

Der Nachdruck liegt auf der Seelsorge

Es ist der eigentliche Grundzug der Zukunftsreden Jesu, daß die prophetischen Belehrungen über das Wesen des Ablaufs der Endzeit vorwiegend seelsorgend ausgerichtet sind. Glaube, Liebe und Hoffnung des *Jüngerstandes* sind gefährdet. Auf diese Gefährdung ist Jesu Seelsorge abgestimmt. Damit soll nicht gesagt sein, daß in den Zukunftsreden Jesu die „*Welt*" abgeschrieben wäre. Im Gegenteil. Auch die antichristliche Welt — die „weltgewordene Christenheit" und nicht zuletzt das jüdische Volk, sind an ganz bestimmten Stellen in die seelsorgerlichen Anrufe der Endzeitreden Jesu mit einbezogen. Jeder soll sich über die Wahrheit der Zukunft unterrichten können. Aber der Grundzug bleibt die Jüngerseelsorge.

Fassen wir nun die bisher besprochenen Merkmale der Endzeitreden Jesu zusammen, so befinden wir uns folgendem Tatbestand gegenüber: Die Belehrungen Jesu bestehen weniger im chronologischen Nacheinander des Ablaufs der Endzeit, als vielmehr in der inneren Ausleuchtung der Dinge, die am Vorabend der Wiederkunft Christi über die Bühne der Geschichte gehen. Wir erfahren das Wesen der endzeitlichen Geschehnisse. Von daher aber werden die Kapitel der Endzeitreden Jesu zu einer reichen und auf die besonderen Gegebenheiten der Endzeit abgestimmten Seelsorge an den Jüngerkreis und darüber hinaus an alle, die sich an Jesu Wort orientieren wollen.

Auch an dieser Stelle können wir nur sagen: Wie dankbar müßten wir als Menschen der Endzeitgenerationen dem Herrn für diese Schwerpunkte seiner Endzeitreden sein!

Drei Perioden der Endzeit

Übersicht

Die eigentliche Antwort auf die in Matthäus 24, 3 gestellte Jüngerfrage nach den Zeichen der Endzeit beschränkt sich auf die Verse 4—39. Alles, was von Vers 40 ab bis einschließlich Kapitel 25 zu lesen ist, sind mehr oder weniger Folgerungen, die sich aus dieser Antwort ergeben. Wir werden das bei der Besprechung der einzelnen Textteile zu erläutern haben. Die Antwort enthält, deutlich erkennbar, eine dreifache Aufteilung der Endzeit.

Im *ersten Abschnitt* Vers 4—14 spricht der Herr vom führenden Geist, der durch die Endzeit geht. Es wird eine Zeit der großen Weltheilande sein, die Hand in Hand mit einem falschen Prophetentum die Abkehr der Massen vom wahren Evangelium vorbereiten. In Vers 9 heißt es, daß gegen den Namen Jesu eine Haßwelle durch alle Völker gehen werde. Das aber setzt voraus, daß der Name Jesu inzwischen über den ganzen Erdball erklungen ist[2]. Und ein zweites setzen die Verse des ersten Abschnittes voraus: Über dem Namen Jesu kommt es zu einer geistigen Auseinandersetzung in der ganzen Völkerwelt, und dies im Zeichen des offenen Widerstandes starker antichristlicher Gegenmächte. Jesus nennt diese *erste Periode* der Endzeit den „Anfang der Wehen". So lautet Vers 8 wörtlich: „Dieses ist der Anfang der Wehen." Sie steht ganz *im Zeichen einer Ausreife der menschlichen Gottlosigkeit* und des großen Abfalls.

Im darauffolgenden Abschnitt Vers 15—28 beschreibt der Herr als *zweite Periode* der Endzeit die „Große Trübsal". Sein Hinweis in Vers 15 auf das schon vom Propheten Daniel geweissagte Ende der Geschichtswelt lenkt für diese Periode den Blick vor allem auf das Geschick des Volkes Israels. Das jüdische Volk

---

2 Wie unwahrscheinlich mußte dieser Hinweis sich für die damaligen Verhältnisse und den kleinen Ausgangspunkt der Sache Jesu im geographischen Weltwinkel Palästinas ausgenommen haben!

erlebt in seinem eigenen Lande, in das es wieder zurückgekehrt ist, die 70. Jahrwoche. Von ihr spricht vor allem Daniel 9, 26 und 27. Eine prophetische Jahrwoche dauert sieben Jahre. Da diese Jahrwoche mit der Wiederkunft Christi endet, wird nach allgemeiner Auffassung der Ausleger diese zweite Periode sieben Jahre vor der Wiederkunft Christi beginnen. Die zweifache Zahlenangabe der Offenbarung Johannes in Kapitel 11, 2 f. und 12, 6 für die Dauer der „Großen Trübsal" stimmt mit dieser Zählung der 7 Jahre deutlich überein.

Während nun in der ersten Periode, dem „Anfang der Wehen", die menschliche Gottlosigkeit zur Reife kommt, steht die zweite Periode der „Großen Trübsal" *im Zeichen der Ausreife menschlicher Ohnmacht, Rat-, Trost- und Hilflosigkeit.*

Die *dritte Periode* ist das „Zeichen des Menschensohnes", wie der Herr selbst seine Wiederkunft in Vers 30 umschreibt. In dieser Periode geht es also um das Eigentliche der Endzeit, um ihr Schlußereignis. Es ist die Wiederkunft des Herrn „in großer Kraft und Herrlichkeit". Davon sprechen die Verse 29 bis 39. Was uns das Recht gibt, auch hier von einer Periode zu sprechen, machen dann die Verse 37 ff. bis einschließlich Kapitel 25 deutlich. Denn nach den Aussagen dieses gewaltigen Schlußwortes beschränkt sich die Wiederkunft des Herrn keinesfalls auf das Ereignis selbst. Das Wiederkunftsereignis leitet vielmehr den „Jüngsten Tag" und damit die Periode eines ganzen Zeitalters ein. Davon wird später noch ausführlich zu reden sein. Alles nun, was unser Herr zu dieser dritten Periode der Endzeit in besonderer Ausführlichkeit sagt, verdient unsere besondere Aufmerksamkeit. Das entscheidende Merkmal dieser Periode fällt dabei sofort in die Augen. Es ist das Merkmal der Scheidung. Während bis dahin bis in die geschichtlichen Darstellungen der Gemeinde Jesu hinein das Unkraut mit dem Weizen auf der Erde wachsen konnte, wird in dieser Periode beides voneinander geschieden. Das ganze Kapitel 25 samt seinem Vortext in Matthäus 24, 40—51 steht unverkennbar in diesem Zeichen. „Dann werden zwei auf dem Felde sein; einer wird angenommen und der andere wird verlassen werden. Zwei werden mahlen auf der Mühle; eine wird angenommen, und die andere wird verlassen werden" (V. 40 f.). Der „böse Knecht" wird geschieden vom

„seligen" Knecht (V. 45 ff.). Die fünf „törichten" Jungfrauen werden von den „klugen" geschieden. Die „frommen und getreuen Knechte" vom „Schalk und faulen Knecht". Und im Umfang der Völkerwelt werden die „Bocksvölker" von den „Schafsvölkern" geschieden (Kap. 25).

Großer *Abfall*, große *Trübsal*, große *Scheidung*. So durchleuchten die Worte Jesu das Wesen der Endzeitperioden. Und diesen prophetischen Grundaussagen entspricht die Seelsorge, von der die fünf Kapitel seiner Parusiereden durchzogen sind. Wir werden ihnen einzeln in den nächsten Abschnitten unserer Betrachtung begegnen. Wir wissen bereits, daß es dem Herrn augenscheinlich daran liegt, den hörenden Ohren zu sagen, worauf die Generationen der Endzeit vornehmlich zu achten haben, um sie und ihre todernsten Gefahren zu bestehen.

Wehe-Perioden

Wenn der Herr die erste Periode den „Anfang der Wehen" nennt, dann kündet dies an, daß auch die folgenden Perioden noch *Wehe-Perioden* sein werden. Wie sollte es anders sein? Stehen sie doch alle im endzeitlichen Reifestadium der menschlichen Gottlosigkeit — im Zeichen des organisierten Antichristentums der Erde. Die Ablehnung des göttlichen Herrschaftsanspruchs wächst in der Gesinnung der Völker. Sie führt zum Haß der Menschheit gegen alles, was Gott oder Gottesdienst im biblischen Sinne heißt. Niemand bekommt das *mehr* zu spüren als die Offenbarungsträger der göttlichen Heilsgeschichte. Diese befinden sich in einer zweifachen Geschichtserscheinung — im Judentum einerseits und in der Jesus-Christus-Gemeinde der Völkerwelt andererseits. Die Gemeinde Jesu in aktiver Berufung, das Judentum in einer vorläufig noch widerchristlichen Gesinnung. Dennoch sind beide die von Gott berufenen Träger der Heils- und Offenbarungsgeschichte. Der endzeitliche Antisemitismus und das Antichristentum haben eine gemeinsame Wurzel. Gerade an den Zukunftsreden Jesu kann es uns aufgehen, daß auch der Antisemitismus der Erde anonym gegen den geht, der aus dem Samen Davids hervorgegangen ist. Ihm gilt in beiden Fällen der verbissene Weltanschauungskampf des Endes. Er wird auf seiten des gottfernen Menschen in den zwei ersten Perioden große Erfolge haben.

Kein Geist der Verzagtheit beim Volke Gottes

Dennoch darf die Gemeinde der Vermessenheit einer antichristlich gewordenen Zeit nicht etwa den Geist der Verzweiflung entgegensetzen wollen. Auch nicht in dem Sinne, daß sie die Welt preisgibt und sagt: „Sie ist reif zum Untergang. Überlassen wir sie ihrem Schicksal. Es wird nicht mehr anders mit ihr werden!" — Doch, es *wird* anders mit ihr, weil Gott sie anders macht! Ohnmacht und Verzweiflung mögen dort ihren Platz haben, wo man die Ausreife der Gottlosigkeit mitmacht. Jesus sagt in einer der Parusiereden des Lukasevangeliums (Kap. 21, 25 f.): „Auf Erden wird den Leuten bange sein, und sie werden zagen; und das Meer und die Wasserwogen werden brausen. Und die Menschen werden verschmachten vor Furcht und vor Warten der Dinge, die kommen sollen auf Erden; denn auch der Himmel Kräfte werden sich bewegen." Es gehört zum Wesen der Gottesferne, daß hart neben der Ausreife menschlicher Gottlosigkeit die Ausreife der menschlichen Hilflosigkeit und die Verzweiflung steht. Gerade hier aber sagt der Herr dem Jüngerkreis: „Wenn aber dieses anfängt zu geschehen, so sehet auf und erhebet eure Häupter, darum daß sich eure Erlösung naht" (Luk. 21, 28).

Nicht die Verzweiflung, sondern etwas Ureigenes hat die Gemeinde der Welt und ihrer antichristlichen Vermessenheit gegenüberzustellen. Etwas, das weit entfernt ist von Weltangst und Verzagtheit. Sie „erhebt die Häupter" und tritt der Welt mit der Wahrheit Gottes in Christo Jesu gegenüber. Sie schuldet ihr bis zuletzt das Zeugnis des Heils in der ganzen Breite der biblischen Offenbarung. Sie läßt von diesem Zeugnis nicht ab. Sie tritt ja mit ihrem Zeugnis nicht auf, weil sie recht haben will, sondern weil Gott selbst ihr seine Wahrheit aufgetragen hat. Und sie widersteht damit der Welt auch um der Welt selbst willen, weil Gott diese Welt einer großen Zukunft entgegenführt — der Zukunft seiner Verheißung, der Zukunft seiner großen Möglichkeiten in Gericht und Gnade. Im Horizont leuchtet der Tag!

Erste Endperiode: Der große Abfall

„Dieses ist der Anfang der Wehen"

„Sehet zu, daß euch nicht jemand verführe. Denn es werden viele kommen unter meinem Namen und sagen: Ich bin Christus; und werden viele verführen" (Matth. 24, 4. 5).

Mit diesen Worten beginnt Jesus seine Antwort auf die Jüngerfrage und leuchtet damit den endgeschichtlichen Völkerraum ab. Er tut es zunächst an der Stelle, wo die Heilsgemeinde Tür an Tür mit der Welt zu leben hat. Wie meinen wir das?

Seitdem der erste Offenbarungsträger, Israel, in das Gericht der Völkerzerstreuung ging bis zu seiner Wiederannahme bei Jesu Wiederkommen, ist ja die Gemeinde der von Gott bestimmte Heils- und Offenbarungsträger in der Welt. Ihre Heilsaussagen im Völkerraum aber werden durch falschprophetischen Widerstand weltanschaulicher Gegenmächte ständig unter Feuer genommen. Die zum Heil gerufenen Menschen sollen mit diesem Angriff von einer Entscheidung für Christus abgehalten werden. Und dies nicht allein. Zugleich sollen die bereits im Glauben Stehenden mit dem gezielten Angriff einer weltanschaulichen Christusverwerfung am Glauben irregemacht und von ihrem Herrn abgezogen werden. Es wird eine stürmische Zeitgeschichte sein, die dem echten Glauben in harten Gegensätzen widerspricht.

Die „apokalyptischen Reiter" (Offb. 6, 1—8) sprengen über den Erdball. Als erster der Reiter auf weißem Pferd, das aufbrechende Antichristentum in christusähnlichem Gewand. Dann ein zweiter, dritter und vierter Reiter. Sie verbreiten antichristliche Weltanschauung, Krieg und Kriegsgeschrei. Eine weltumfassende Kriegs- und Revolutionsgeschichte hat ihren Anfang genommen. Pestilenz, Hungersnöte, Erdbeben hin und wieder[3] und Kata-

---

3 Im zwanzigsten Jahrhundert ereigneten sich, neben einer wachsenden Zahl kleinerer Beben, folgende schwere Erdbeben:

strophen aller Art, lassen den Globus bald da, bald dort erzittern. Es ist eine Zeit großen Sterbens. Jesus drückt es so aus:

> „Ihr werdet hören Kriege und Geschrei von Kriegen; sehet zu und erschrecket nicht. Das muß zum ersten alles geschehen; aber es ist noch nicht das Ende da. Denn es wird sich empören ein Volk wider das andere und ein Königreich wider das andere, und werden sein Pestilenz und teure Zeit und Erdbeben hin und wieder. Da wird sich allererst die Not anheben" (V. 6—8).

Die Propheten des Fortschritts hatten verkündigt, die Menschheit entwickle sich immer schneller in einen paradiesischen Zustand der Erde. Dieser Fortschrittsglaube wird als das enthüllt, was er ist, eine Illusion. Jesus nennt die erste Periode der Endzeit mit dem Anmarsch der Geschichte zum Letzten hin den „Anfang der Wehen".

Aber kein Geist der Verzagtheit beim Volke Gottes! sagten wir oben. Über die Schrecken der angebrochenen Endzeit, die Weltkriege mit all ihren harten Folgen von Pestilenz und teuren Zeiten, über die bösen Quellen von Weltennot und Menschheitsangst, mahnt der Herr die Jünger: „Sehet zu und erschrecket nicht!" (V. 6 b). — In unsere Zeit übersetzt heißt das: Nur keine Atomangst! — Nur keine Untergangspsychose! „Fürchtet euch nicht vor denen, die den Leib töten und darnach nichts mehr tun können!" (Luk. 12, 4). Gewiß — das könnten die Atombomben und die übrigen ABC-Waffen eines letztzeitlichen Weltkrieges durchaus — den Leib töten und Millionenstädte und sonstige Wohngebiete in Schutt und Asche legen. Mehr aber nicht. Und nun durchleuchtet Jesus nach dem seelsorgerlichen Grundsatz seiner Parusiereden das *Wesen* im Geschehen dieser Dinge. Denn Kriege, Revolutionen und ihre vielleicht verheeren-

---

1906 in San Franzisko = 452 Tote — 1908 in Messina = 75 000 Tote — 1915 in Avezzano (Italien) = 30 000 Tote — 1920 in Kansu (China) = 180 000 Tote — 1923 in Tokio = 157 000 Tote — 1932 in Kansu = 70 000 Tote — 1935 in Indien = 60 000 Tote — 1939 in Erzingan (Türkei) = 33 000 Tote — 1960 in Süd-Chile = 5 700 Tote — 1960 in China = 10 000 Tote — 1960 in Agadir (Marokko) = 12 000 Tote — 1962 in Nordwest-Persien = 10 000 Tote — 1963 in Skopje (Jugoslawien) = 1000 Tote — 1968 in Ost-Persien = 10 000 Tote — 1969 Südküste Chinas = 3 000 Tote — 1970 in der westl. Türkei = 2 000 Tote usw.

den Totalfolgen sind nicht das Wesen der Dinge selbst, sondern nur ihre Folgen.

Die Gefährdung des Glaubens

Um das Wesen der Dinge deutlich zu machen, weist der Herr auf die treibenden Kräfte, die hinter den Kulissen der Geschehnisse am Werke sind. Dort ist die Quelle der eigentlichen Gefährdung. Der dunkle Geist des Abfalls schleicht durch die Welt, wie in keiner Zeit zuvor. Nicht vor dem Vordergründigen sollen die Jünger erschrecken, vor dem Rasen der Elemente im stürmischen Widereinander aller gegen alle. Mag der Blick der Kinder des Abfalls starr und hoffnungslos darauf gerichtet sein. Das zunehmende Angstgeschrei, daß nun alles verloren sei, wird unter ihnen nicht mehr verstummen. Den Jüngern aber gilt das Wort: *Sehet zu,* erschrecket nicht. Das Erschrecken der Jünger soll an einer anderen Stelle einsetzen. Die Hintergründe der Dinge sind das weit Gefährlichere. *"Sehet zu, daß euch nicht jemand verführe."* In den falschprophetischen Stimmen der Verführung liegen die Brutstätten des Letzten. In einer regen Aktivierung solcher Stimmen kündet sich das Wesen der Endzeit an. Menschen mit politischen Vollmachten, durch die sie gegebenenfalls auch Weltkriege zu entfachen und zu führen imstande sind, preisen sich und ihre weltanschaulichen Ideen als die große Weltbeglückung der Menschheit an. Was bis dahin weder Menschen noch Gott zu geben imstande waren, das soll durch *sie* geschehen.

In Vers 11 und 24 spricht der Herr vom besonderen Zauber, mit dem sich dieser verführerische Prophetismus zu umgeben weiß und selbst die Menschen des Glaubens blenden könnte: „Und es werden sich falsche Propheten erheben und werden viele verführen. Denn es werden falsche Christi und falsche Propheten aufstehen und große Zeichen und Wunder tun, daß verführt werden in den Irrtum, wo es möglich wäre, auch die Auserwählten." So spielt der endzeitliche Prophetismus die Massen mit raffinierten Methoden und Wunderzeichen jenen falschen Messiasgestalten zu, die die Welt zu ändern versprechen. Denn, daß die Welt verändert werden müßte, leuchtete zu allen Zeiten den

Menschen ein. Aber sie soll nicht *biblisch* verändert werden. Die Wandlung der Welt soll so geschehen, wie menschliche Träume es wünschen und satanische Verführung sie darstellt. Zwar pflückt die Welt, seitdem eine begnadigte Gemeinde neben und unter ihr lebt, viele Früchte vom Baum des christlichen Glaubens, Früchte, wie sie im christlichen Abendland reichlich aufzuzählen wären. Aber nur eine jeweils kleine Minderheit will den *Baum,* der die Früchte bringt. Der Geist des Endes aber möchte schließlich die Welt überhaupt vergessen machen, daß die besten Früchte, die sie genießt, von diesem Baum gekommen sind. Das antichristliche Prophetentum verkündigt aus seiner abgründigen Weisung, daß man zwar bisher den „großen Irrtum" begangen habe, von einem menschgewordenen Gottessohn als dem Erlöser der Welt zu sprechen. In Wirklichkeit sei der wahre Christus noch gar nicht da gewesen. Er komme jetzt erst, und zwar nicht vom Himmel, sondern durch den machtvollen Einsatz einer fortschrittlichen Menschheit und ihrer modernen Führungskräfte. In dieser nun aufgebrochenen neuen Weltzeit sei neben ihren großen Führern für Jesus Christus, wenn überhaupt noch, dann nur ein bescheidener Stellenwert vorhanden. Der biblische Anspruch auf die Erlösung der Welt durch sein Kreuz oder gar die Beherrschung der Welt in seiner Wiederkunft gehöre in den Bereich religiöser Mythologien und müsse schleunigst als solcher entlarvt werden. So sprechen die Propheten des Antichristen.

Die Geschichte der Menschheit ist, aufs ganze gesehen, schon seit dem Sündenfall eine Gottabwendungsgeschichte. Als solche aber bekommt sie ihr stärkstes Gefälle am Vorabend der Wiederkunft Christi. Der Antichrist und seine ihm gefälligen Werkzeuge sind das Grundzeichen der Endzeit, die auffallendste Markierung am Weg der Endgeschichte. Der Geist des Antichristentums und seine führenden Persönlichkeiten versuchen in Selbstruhm und Trotz vorwegzunehmen, was nur der wiederkommende Herr zu tun imstande ist. Sie schrecken nicht davor zurück, sich an die Stelle Christi zu setzen und ihn in seinem Erlöser- und Vollenderwerk nachzuäffen. Satan selbst gibt ihren Thronen und Kathedern seine Macht (Offb. 13, 4). Um ihnen Geltung zu verschaffen, verleiht er ihrer Stimme eine *religiöse* Klangfarbe, um „wo es möglich wäre, auch die Auserwählten zu verführen". Und sie haben es eilig, denn es ist Abend geworden. Die wahre Gemeinde aber kennt diese Stunde. Sie tut nur eines: Sie wappnet sich mit Gottes Wort gegen die Gefährdung des Glaubens.

Die Gefährdung der Hoffnung

„Ihr werdet hören Kriege und Geschrei von Kriegen; sehet zu und erschrecket nicht. Das muß zum ersten alles geschehen; aber es ist noch nicht das Ende da. Denn es wird sich empören ein Volk wider das andere und ein Königreich wider das andere, und werden sein Pestilenz und teure Zeiten und Erdbeben hin und wieder. Da wird sich allererst die Not anheben", oder wie der letzte Satz in genauerer Wiedergabe des Urtextes lautet: „Das alles aber ist der Anfang der Wehen." So hatte der Herr in Vers 6—8 gesagt. Das Grundmotiv der modernen Menschheitsangst ist die hier geweissagte ständige Kriegsbedrohung der endgeschichtlichen Zeit. Der zweite unter den vier apokalyptischen Reitern, der rote Weltkriegsreiter mit dem großen Schwert, trabt seit dem ersten Weltkrieg pausenlos über die Erde. Hinter ihm drein der *schwarze* Hungerreiter mit der geschwungenen Waage in der Hand und der Todesreiter auf dem *fahlen* Pferd (Offb. 6, 4—8). Schreckliche Gestalten! Es ist fast verwirrend, daß der große prophetische Seelsorger, unser Herr, die Glaubensgemeinde der Endzeit mahnt, sie solle darüber nicht erschrecken. Gewiß — wer auf ihn hört, darf und soll sich in die Geborgenheit seiner Verheißung flüchten! Und doch kennt, zumindest die ältere Generation, vom Krachen der Kriegswetter vergangener Jahre her die Anfechtungsfrage: „Kann es bei dieser verworrenen Weltlage und dem Kampf aller gegen alle noch eine Hoffnung geben im Sinne der Reichsverheißung der Heiligen Schrift? Ist hier am Ende nicht doch alles verloren?" So verdunkeln und bedrohen Krieg und Kriegsgeschrei mit all ihren Folgeerscheinungen von Enttäuschungen, Verlusten, Ungerechtigkeit und Tod die große biblische Hoffnung auf eine neue Welt.

Es war bei einer Fahrt ins Heilige Land. Wir standen in der ältesten Kirche der Christenheit, in der weiträumigen Geburtskirche von Bethlehem. Zum Gebäudekomplex der Kirche gehört auch ein Franziskanerkloster. Ein deutscher Pater übernahm die Führung unserer kleinen Missionsgruppe. Wir erfuhren bald, daß er seit fast drei Jahrzehnten im Franziskanerkloster Bethlehems ist. Zum Schluß der Führung brachte er uns in die sogenannte Geburtsgrotte. Mit einem Klang von Wehmut in der Stimme gab er seinem und seiner Kirche Schmerz darüber Ausdruck, daß die zwei östlichen Nachbarkonfessionen, die Griechisch-orthodoxen und die Armenier, mit denen sich die römisch-katholische Kirche in den Besitz der Geburtskirche zu teilen hat, so wenig nachgiebig seien. Man könne sich daher nie über die so notwendigen Restaurierungsarbeiten einigen, die an der Kirche vorgenommen werden sollten. Seit Jahrhunderten bestehe dieser leidige Zwiespalt, der sich noch immer zu verschärfen drohe. Er sähe, von Bethlehem aus geurteilt, dunkel für die so erstrebenswerte Einheit der Christenheit. Wir erwiderten, daß eine gründliche Wandlung der Dinge auf Erden doch wohl nur der wiederkommende Christus zustande bringen werde. Er käme ja in dieses Land noch einmal zurück, wenn er seine Füße — nach der Sacharja-Weissagung — auf den Ölberg stelle. Dann freilich komme er in anderer Gestalt als vor 1900 Jahren, da er an dieser Stätte als kleines Kindlein geboren wurde. So etwa suchten wir ihm die lebendige Hoffnung des Glaubens zu bezeugen. Spontan erwiderte der verzweifelte Pater: „Ich fürchte, er wird's auch nicht schaffen."

Dieser Mann war, ohne daß er sich des Ernstes der Lage bewußt geworden wäre, von der Hoffnung abgefallen. Möglich, daß er sie im biblisch echten Sinn überhaupt nie hatte. Vielleicht müssen wir diese Gefahr für ein besonderes Zeichen achten, das mit der „Stunde der Versuchung über den Erdkreis kommen wird" (Offb. 3, 10). Auch Kinder Gottes sind von ihr bedroht. Man kann noch im persönlichen Heilsglauben verwurzelt sein und steckt bereits tief im Abfall von der Hoffnung. Er muß ernst genommen werden. Keine Frage — wer starr den Blick auf das Verworrene im Zeitgeschehen richtet, steht in ernster Gefahr, von der Hoffnung abzufallen. Der Abfall aber von der Hoffnung ist immer dann vollzogen, wenn wir „ungehorsam werden gegen die Verheißung".

Die Gefährdung der Liebe

An den Zukunftsreden Jesu kann uns aufgehen, daß es die letztzeitlichen Kriege und Empörungswellen im Völkermeer nicht mehr oder doch nur in seltenen Fällen mit den geographischen Eroberungen von Landstrichen zugunsten irgendeines Siegervolkes zu tun haben. Die Motive moderner Kriege sind weltanschaulich-gesellschaftsordnender Natur. Es geht um die Herrschaft einer neuen Messianität, um die Herrschaft des selbstherrlichen Menschen anstelle des wahren Herrschers der Welt, Jesus Christus. Die Welt soll erfüllt werden mit Offenbarungsersatz. Laut und nicht selten mit brillanten Formulierungen preisen die falschprophetischen Führungsstimmen der Zeit die Erfolge des zur Göttlichkeit erhobenen Menschen. Ihre „Zeichen und Wunder" sind überzeugend. Sie gehen mit Dingen und Kräften um, die die Massen bezaubern und immer neu in Bewegung bringen. Mit dieser Welt lebt die Gemeinde Tür an Tür. Wir zitierten schon weiter oben das Wort Jesu, das er von den stürmischen Mächten der endzeitlichen Verführung sagt; daß „wo es möglich wäre" auch die Auserwählten Gottes in den Irrtum verführt werden (V. 24). Der Minderheit der offenbarungsgläubigen Gemeinde wird kräftig zugesetzt.

> „Alsdann werden sie euch überantworten in Trübsal und werden euch töten. Und ihr müsset gehasset werden um meines Namens willen von allen Völkern", sagt der Herr (V. 9).

Der große Abfall reißt bedenkliche Lücken in die Reihen solcher, die bislang noch im Glaubensraum gestanden hatten (V. 10):

> „Dann werden sich viele ärgern und werden sich untereinander verraten und werden sich untereinander hassen[4]."

---

[4] Auch an dieser Stelle ist wohl die Beachtung der prophetischen Verflechtung, in der die Zukunftsreden Jesu gehalten sind, besonders wichtig. Sowohl in der apostolischen Zeit als auch in der Endzeit werden Juden und Christen vielfach in *einer* Sicht gesehen. Beides sind gottberufene Offenbarungsträger. Wie stark dabei heute schon (oder noch immer) der alttestamentliche Offenbarungsträger, Israel, von einer antichristlichen Mes-

Aus einem Land der Oststaaten wird u. a. berichtet: „Innerhalb der Kirche gibt es ein weitverzweigtes Spionagenetz. Um nur ein Beispiel zu nennen: Der Pastor der ... Gemeinde in einem sehr kleinen Ort sagte mir, daß er der Geheimpolizei Nachrichten übermittelt und daß er weiß, daß drei Brüder Informationen über ihn weitergeben. Dieser Fall ist typisch. Das gibt es in allen Kirchen. Es gibt so viele Spitzel, daß jeder jedem mißtraut. Die Verwirrung ist groß, da die Verräter den Vorteil haben, die Verratenen des Verrats zu beschuldigen. Die letzteren bleiben im Gefängnis und können sich nicht verantworten. So bewirkt die Geheimpolizei überall Spannung und Bruch von Freundschaften, indem sie den einen gegen den andern in allen Denominationen aufhetzt, und überall finden sie einige Helfershelfer."

In seinem Buch „Herkunft und Zukunft des Menschen" zitiert Prof. Dr. *Wilder-Smith* auf Seite 93 ff. aus einem 1964 erschienenen Buch „The Christian from Siberia" über die Entwicklung der atheistischen Propaganda im heutigen Rußland: „Bis 1980 sollen *alle* Spuren der Vergangenheit (darunter die Religion) verschwunden sein, damit der heutige sozialistische Staat in einen rein kommunistischen übergehen kann (S. 132). Bis Anfang 1980 wird man den ‚Dritten Plan' in Kraft gesetzt haben, wonach die sozialistischen Staaten zum wahren, reinen Kommunismus übergehen, wo natürlich keine Religion mehr existieren darf."

Nimmt man die Methoden hinzu, wie sie oben aus jenem anderen Oststaat berichtet werden, dann mag man erahnen, wie schwer unter solchen Umständen die Liebe zum Bruder und zum Nächsten durchzuhalten ist. Dazu kommt ein weiteres, was die Liebe zum Erkalten bringen kann. Während die in Vers 4 und 5 als erste Kategorie weltanschaulicher Verführungskräfte mehr von *außen* her an die Türen der Massen und auch des Glaubens-

---

siashoffnung im eigenen Raum durchsetzt ist, wird an einer späteren Stelle auszuführen sein. Solche Zukunftsworte Jesu sind daher auch an die Minderheit der Christusgläubigen im Staate Israel gerichtet. Wir sind überzeugt, daß diese sich von Jesu Zukunftsreden nicht weniger angesprochen fühlen werden als jene Männer und Frauen, die in der außerjüdischen Völkerwelt das Bekenntnis des Glaubens zum Teil heute schon unter großen Leiden und Verfolgungen durchzuhalten haben.

raumes pochen, scheint der Herr mit dem folgenden 11. Vers eine zweite Kategorie von Verführungskräften anzudeuten, die in zunehmendem Maße den Glaubensraum von *innen* her bedrohen:

> „Und es werden sich viel falsche Propheten erheben und werden viele verführen."

Ist aber erst der Glaube irregeführt, dann ist auch die allerinnerste Substanz des Christentums — die Liebe — gefährdet.

> „Und dieweil die Ungerechtigkeit (Gesetzlosigkeit) wird überhandnehmen, wird die Liebe in vielen erkalten" (V. 12).

Gesetzlosigkeit macht die Welt zu einem Eiskeller. Das Gewissen wird herrenlos. Jeder ist sich selbst der Nächste[5]. Die Liebe erkaltet. Es wird gehaßt. Es werden Kriege geführt nach innen und außen. In einer solchen Welt ist auch die Gemeinde und in ihr die wahre Bruder- und Nächstenliebe bedroht.

So ist der *Glaube* bedroht im Aufkommen falschprophetischer Geiststimmen und im Wirken antichristlicher Geistespersönlichkeiten. Sie verstehen es immer besser, mit ihrem pseudo-messianischen Glanz Menschen zu berauschen (V. 4 u. 5). Bedroht ist die *Hoffnung* im Geschehen von endzeitlichen Kriegen, Katastrophen, Hunger, Epidemien und Pestilenzen aller Art — den Gerichtsgeiseln der Menschheit (V. 6 u. 7). Bedroht ist die *Liebe* im Überhandnehmen der Gesetzlosigkeit von außen und falschen Führungsstimmen von innen. Ärger, Verrat und Haß nehmen zu (V. 9—12). Gibt es hier ein Bewahrtwerden?

---

[5] Es gehört zum Wesen der antichristlichen Bildungskräfte, daß sie den gottfernen Menschen zur Selbstvergottung führen. Der mündig gewordene Mensch hat seine Vernunft zum Maßstab des Alleingültigen gemacht. Alles hat sich der nach außen kritischen Vernunft des „Gesetzlosen" zu beugen. Bis in den theologischen Raum hinein spricht man heute in dieser Weise vom mündig gewordenen Menschen. Gewiß — auch die Bibel spricht von der Mündigkeit des Menschen. Aber echtes Mündigwerden hat andere Vorzeichen. Echtes Mündigwerden ist dort, wo der Mensch in der Freiheit der Erlösung steht und Gottes Kind geworden ist. Wird aber der Mensch in autonomer Weise, das heißt in Selbstherrlichkeit, mündig, so tritt er in die Rolle eines „Gegengottes" ein. Für ihn gibt es dann bald keine Feinde mehr, sondern nur noch Ungläubige, die an seiner Göttlichkeit zweifeln, die ihm nicht verfügbar sind und ihm nicht gehorchen wollen. Für solche „Sünder" gibt es kein Verzeihen mehr.

Jesu Seelsorge

Auf die begründete Frage nach der Bewahrung in solch ernsten Endzeitgefahren antwortet der Herr mit einem einzigen, wundervollen Satz:

„Wer aber beharret bis ans Ende, der wird selig" (V. 13).

Welch eine *frohmachende Seelsorge!* Man kann selig werden bis ans Ende. Bis in die Schwere der letzten Zeit hinein gibt es ein Selig*werden* und ein Selig*bleiben*. Nur *eine* Tugend gilt es durchzustehen: *Beharren bis zuletzt!* Mehr nicht — weniger auch nicht!

„Beharrlichkeit ist die größte Christentugend", hat *Albrecht Bengel* aus diesem Verse gefolgert: denn „wer beharret bis ans Ende, der wird selig werden". Hier müßte das gläubige Nachdenken immer wieder einmal einsetzen. Es kann kein Jünger zur Beharrlichkeit gezwungen werden. Er könnte auch abspringen. Es steht ihm frei. Judas ist der erste Typus des Antichristen im Neuen Testament. Worin bestand sein Antichristentum? Er ist von Jesus weggelaufen. „Alsbald ging er hinaus. Und es war Nacht" (Joh. 13, 30). Das hat ihm im Neuen Testament denselben Titel eingebracht, wie ihn der Antichrist trägt, „das Kind des Verderbens". Vergleiche Johannes 17, 12 mit 2.Thessalonicher 2, 3 (nach wörtl. Übers.)! Nicht abspringen, auch wenn es einem freisteht in den Bedrohungen des Glaubens, der Hoffnung und der Liebe von Jesus wegzulaufen. Nicht weglaufen, auch nicht von der Gemeinde! Das ist alles. Von den ersten Christen wird gesagt: „Sie *blieben aber beständig* in der Apostel Lehre, in der Gemeinschaft, im Brotbrechen und im Gebet" (Apg. 2, 42). „Wer aber beharret bis ans Ende, der wird selig werden", sagt Jesus. Noch einmal: Welch *frohmachende Seelsorge* unseres Herrn!

Und welch eine *schlichte Seelsorge* zugleich. Keiner muß etwas Neues tun, weil die Zeit neu und die Welt so anders geworden ist. Keiner muß etwas Besonderes tun. Nur das normale Christenleben haben und behalten. Im Machtbereich der Stimme Jesu bleiben und sich weder von rechts noch von links durch die Verführungsstimmen der Zeit beirren lassen. So besteht man die Stunde der Versuchung! „Weil du hast bewahrt das Wort meiner

Geduld, will ich auch dich bewahren", sagt der erhöhte Herr zur Gemeinde von Philadelphia (Offb. 3, 10). Man atmet geradezu auf, daß Jesus solch eine frohmachend schlichte Seelsorge übt für die bedrohten Glaubensgenerationen des Endes. Und ein anderes fügt er hinzu. Jesus sagt:

> „Und es wird gepredigt werden das Evangelium vom Reich in der ganzen Welt zu einem Zeugnis über alle Völker, und dann wird das Ende kommen" (V. 14).

Diese weitere prophetische Feststellung trifft der Herr zunächst ganz sachlich. Wir sagten schon, sie mochte bei dem damals so kleinen Anfang seiner Sache geradezu unwahrscheinlich klingen. Es geht aus ihr hervor, daß die Endzeit, trotz ihrer antichristlichen Grundeinstellung, zugleich das Jahrhundert der Mission sein wird. Diese Aussage ist bereits aktuelle Erfüllung. Aber sie will mehr sein als nur die statistische Feststellung vom Jahrhundert der Mission. Wer tut denn diesen Verkündigungsdienst? Soweit er jetzt und heute geschieht, die Gemeinde mit ihren Werken und in ihren Gliedern. Das aber bedeutet, daß der erlöste Mensch sich mit solch einem Wort in den Einsatz zum Zeugnis gerufen weiß. Er hört aus der Weissagung Jesu die Berufung heraus, an seinem Platz Jesus Christus als die einzige Offenbarung der rettenden Liebe Gottes bekannt zu machen. Und dies durch Wort und Tat, d. h. durch sein wesenhaftes Christsein.

Liegt nun die *Bewährung des Glaubens in der Beharrlichkeit*, von der der 13. Vers gesprochen hat, so liegt die *Bewährung der Liebe in der gesunden Aktivität des Christseins*. Statt sich der Welt gleichzustellen, steht der bewährte Christ im priesterlich tätigen Einsatz für die Welt. Dies sollte jeder Jünger der Endzeitgenerationen für sich aus diesen Worten Jesu heraushören. Nehmen wir dann noch das Wort des Herrn aus einer der Zukunftsreden des Lukasevangeliums hinzu, dann hören wir auch Jesu Seelsorge, wie sie uns zur *Bewährung in der Hoffnung* führen will. In Lukas 21, 28 ruft der Herr den Seinen zu: „Wenn ihr aber sehet, daß solches anfängt zu geschehen, dann hebet eure Häupter auf, denn eure Erlösung naht." Mitten im Geschehen des Endes mit erhobenen Häuptern — also *freudig* —

im Feld der lebendigen Hoffnung stehen, das bedeutet, im Sieg gegen den Abfall von der Hoffnung erfunden werden, bedeutet Bewährung in der Hoffnung. *Beharrlich, aktiv, freudig!* So will der Herr seine Leute am Werke haben, wenn er kommt.

Zweite Endperiode: Die Große Trübsal

Allgemeines zur zweiten Endperiode

Was der Sohn Gottes im bisher besprochenen ersten Abschnitt von Matthäus 24 (4—14) sagt, schildert die Endzeit als Ausreife menschlicher Gottlosigkeit. Der folgende Abschnitt — Matthäus 24, 15—28 — weissagt die bitteren Folgen der menschlichen Gottlosigkeit als Ausreife menschlicher Rat-, Trost- und Hilflosigkeit. Die geschichtliche Anlaufzeit, deren Beginn die meisten Ausleger des prophetischen Wortes in die Zeit der Französischen Revolution (1789—94) legen[6], also der „Anfang der Wehen", führt schließlich in die Wehen einer zweiten Endzeitperiode — in die Große Trübsal. In ihr wird auf der hohen Ebene der Weltgeschichte jenes seltsame Gesetz des Reiches Gottes sichtbar, das seinen bedeutendsten Vorgang im Kreuz Christi hat. Jemand hat es folgendermaßen ausgesprochen: „Auf der Seite der Welt ist der Triumph offenbar und ihre Niederlage noch verborgen. Auf Seiten des Reiches Gottes ist die Niederlage offenbar und der Triumph noch verborgen." Genauso ist es. Christus hat die unbedingte Übermacht in diesem Gesetz. Der Antichrist ist nur der Schatten des Christus. Sein ganzes Aufkommen muß vom Geheimnis Jesu Christi her verstanden werden. Ohne Christus wäre auch der Antichristus nicht zu denken. Er ist dazu da, alles zu bestreiten, was Christus in der Welt

---

[6] Der im Jahre 1900 verstorbene russische Schriftsteller Wladimir Solowjew, der ganz in der Wirklichkeit der biblischen Geschichtstheologie gelebt hat, sagt in seinem Buch „Kurze Erzählung vom Antichristen", das auch in der Weltliteratur zu einem ungewöhnlich hohen Ansehen gekommen ist: „Seit den Zeiten der Französischen Revolution schreitet die negative Bewegung der Geschichte mit außerordentlicher Schnelligkeit voran."
Solowjew meint mit der „negativen Bewegung der Geschichte" die Entwicklung der Geschichte zum endzeitlichen Antichristentum hin. Gewiß hat die Franz. Revolution auch positive Ergebnisse hervorgebracht. Und es ist nicht falsch, wenn Kenner der Geschichte uns darauf aufmerksam machen. Doch kann der negative Grundzug, wie ihn Solowjew meint, keinesfalls übersehen werden.

bedeutet. Weil er aber in diesem Streit sein dämonisches Heil an die Stelle des wahren Heils in Christo setzt, ist er *Konkurrenz und Karikatur Christi* zugleich. Völlig ungewollt bezeugt er darin die Herrschaft Christi. Er ist Christi dämonisches Spiegelbild. Doch darf er nicht unterschätzt werden: Satan selbst gibt ihm — so steht geschrieben — „seine Kraft, Thron und große Macht" (Offb. 13, 24). Das macht ihn gefährlich. Unter seinem dereinstigen Regime reift die Welt stürmisch und radikal in die zweite Periode der Endzeit hinein — in die Große Trübsal. Sie ist zwar schwer, aber kurz und wird, wie wir noch nachzuweisen haben, die Dauer von nur sieben Jahren haben.

„Davon gesagt ist durch den Propheten Daniel"

Wir haben es bereits in einem früheren Abschnitt festgestellt, daß Jesus in seinen Zukunftsreden nirgends in direkter Weise von der Person des Antichristen spricht. Er fehlt in den prophetischen Grundaussagen der Parusiereden. Wir lesen lediglich aus Matthäus 24 das Streben der Gesamtheit nach dem Höchststand menschlicher Größe unter der Führung antichristlicher Gestaltungsmächte. Indirekt freilich nennt ihn der Herr bei genauerem Zusehen doch. Er tut es mit dem Eingangsvers des zweiten Abschnittes, der von der Großen Trübsal handelt. Dort spricht der Herr vom „Greuel der Verwüstung" und bestätigt unter dem Hinweis auf die entsprechende Weissagung Daniels das Auftreten eines persönlichen Antichristen. Jesus sagt:

> „Wenn ihr nun sehen werdet den Greuel der Verwüstung — davon gesagt ist durch den Propheten Daniel —, daß er aufgerichtet werde an heiliger Stätte (wer es liest, der merke darauf!), alsdann fliehe auf die Berge, wer im jüdischen Lande ist; und wer auf dem Dach ist, der steige nicht hernieder, etwas aus seinem Hause zu holen; und wer auf dem Felde ist, der kehre nicht um, seine Kleider zu holen. Weh aber den Schwangern und Säugerinnen zu der Zeit! Bittet aber, daß eure Flucht nicht geschehe im Winter oder am Sabbat" (V. 15—20).

Die Stelle im Propheten Daniel, auf die sich Jesus hier bezieht, lautet: „Das *Volk eines Fürsten* wird kommen und die Stadt (Jerusalem) und das Heiligtum verstören, daß es ein Ende nehmen wird wie durch eine Flut; und bis zum Ende des Streits wird's wüst bleiben. Er wird aber vielen den Bund stärken eine Woche lang. Und mitten in der Woche wird das Opfer und Speisopfer aufhören. Und bei den Flügeln werden stehen Greuel der Verwüstung, bis das Verderben, welches beschlossen ist, sich über die Verwüstung ergießen wird" (Dan. 9, 26 f.).

Gewiß gilt es auch bei dieser Stelle wieder auf das von uns eingangs besprochene Gesetz der prophetischen Verflechtung zu achten. Die Geschichte des römisch-jüdischen Krieges berichtet, daß, ehe im Jahre 70 die Katastrophe über Jerusalem hereinbrach, die Glieder der jungen Christengemeinde aufgrund einer an sie ergangenen Weissagung, aus Jerusalem nach Pella flohen.

Wir erkennen daran, daß die Matthäusstelle (Kap. 24, 15 ff.) ihre *Ersterfüllung* im Jahre 70 fand. Unter dem „Volk eines Fürsten" ist demnach zuerst und zunächst (wenn wir von einer gewissen Vorerfüllung durch den Antiochus Epiphanes der Makkabäerzeit absehen) *Rom* mit seinen diktatorischen Herrschergestalten zu verstehen. Die *Zweiterfüllung* aber geht nach demselben Buch Daniel eindeutig auf die „letzte Zeit", wo aufs neue der „Fürst" kommen und im Geschichtsbereich des endzeitlichen Israel noch einmal der „Greuel der Verwüstung" aufgerichtet werden wird. Hören wir dazu die Schlußweissagung des Buches Daniel! In Kapitel 12 wird dem Propheten gesagt, er solle die zuletzt gehörten Worte seines Buches versiegeln bis „auf die letzte Zeit". Was aber hatte er da gehört? Wörtlich heißt es dazu in Kapitel 12, 1: „Der große Fürst Michael, der für die Kinder deines Volkes steht, wird sich aufmachen. Denn es wird eine solch trübselige Zeit sein, wie sie nicht gewesen ist, seitdem Leute gewesen sind bis auf diese Zeit. Zur selben Zeit wird dein Volk gerettet werden, alle, die im Buch geschrieben stehen." Daraufhin schaut Daniel in seinem Gesicht abermals Wesen der unsichtbaren Welt. Eines von ihnen erhob seine rechte Hand und „schwur bei dem, der ewiglich lebt, daß es eine Zeit und (zwei) Zeiten und eine halbe Zeit (= $3^{1}/_{2}$ Jahre) währen soll; und wenn die Zerstreuung des heiligen Volkes ein Ende hat, soll solches alles geschehen." Und weiter hört er: „Gehe hin, Daniel; denn es ist verborgen und versiegelt bis auf die letzte Zeit. Viele werden gereinigt, geläutert und bewährt werden; und die Gottlosen werden gottlos Wesen führen, und die Gottlosen alle werden's nicht achten; aber die Verständigen werden's achten. Und von der Zeit an, wenn das tägliche Opfer abgetan und ein Greuel der Verwüstung aufgerichtet wird, sind tausendzweihundertneunzig Tage. Wohl dem, der da wartet und erreicht tausendzweihundertfünfunddreißig Tage! — Du aber, Daniel, gehe hin, bis das Ende komme; und ruhe, daß du aufstehest zu deinem Erbteil am Ende der Tage!"

So lautet der Abschluß dieses hochbedeutsamen Buches Daniel, das mit Recht unter die vier großen Propheten des Alten Testamentes gezählt wird.

Hier ist also deutlich von der Großen Trübsal und ihren Begleiterscheinungen im Sinne einer Zweiterfüllung „zur letzten Zeit" die Rede. Dieser „Zweiterfüllung" schließt sich Jesus in Matthäus 24, 15 ff. an. Er spricht damit von der sogenannten 70. Jahrwoche des Daniel. Damit aber setzt Jesus die Erscheinung des Antichristen voraus, wenn er auch nicht näher auf seine Person eingeht. Er setzt voraus, daß infolge der antichristlichen Verunkrautung der Welt am Vorabend Seiner Wiederkunft die Völker ihre Führungsspitze in der Gestalt des Antichristen bekommen, wie es bei Daniel nachzulesen sei. „Wer es liest, der merke drauf!", sagt der Herr. Die Welt wird dann vom Reich des Antichristen aus beherrscht sein. Dieser schließt, nach Daniel 9, in der ersten Hälfte der sieben Jahre einen Bund mit dem endzeitlichen Judentum. Dann bricht er ihn und erleidet mit seinem Staatswesen, wie auch das jüdische Volk selbst, die Zorngerichte der Großen Trübsal. Diese werden in der Offenbarung Johannes, vor allem in den Kapiteln 8, 9 und 16 in erschütternden Darstellungen geschildert.

Der Tag des Zorns

Der international bekannte Atomwissenschaftler und Strahlenschutzphysiker, *Bernhard Philbert,* schreibt in seinem 1961 erschienenen Buch „Christliche Prophetie und Nuklearenergie" (Verlag Glock und Lutz, Nürnberg) auf Seite 28: „In keiner Weise wirbt die Offenbarung Johannes um natürliches Verständnis bei den Menschen. Dies ist um so erstaunlicher, als hierin Dinge dargestellt sind, die in früheren Zeiten geradezu spukhaft-phantastisch erscheinen mußten. Noch in den neuesten Bibelübersetzungen und Bibelausgaben der vierziger und fünfziger Jahre unseres Jahrhunderts glauben die Kommentatoren als Erscheinen von bösen Geistern und Dämonen erklären zu müssen, was aber seit etwa 1960 als eine präzise Beschreibung modernster Kampfmittel erscheint. Dinge sind dargestellt, die mit Fortschreiten der Naturwissenschaft schließlich ihre ganze Glaubwürdigkeit eingebüßt hatten („die Sterne werden vom Himmel fallen"), aber geradezu schlagartig-unerwartet in den jüngsten Jahren und Monaten (künstliche Satelliten!) die Weltöffentlichkeit technisch berauscht haben."

Auf Seite 198 seines Buches sagt Philbert: „Sieben Posaunen, sieben Donner, sieben Schalen! Erst unter den heutigen wissenschaftlichen Erkenntnissen wird in deren Gegenüberstellung ein Umstand offenkundig, der in geradezu furchterregender Weise das ganze Bild abrundet, und erneut in sich bestätigt. Die sieben Schalen (Philbert meint die Zornschalengerichte in Offenbarung 16! D. Verf.) entsprechen, konsequent der Reihe nach, den sieben Posaunen (Offb. 8 u. 9), wobei man vor allem hinsichtlich der ersten vier Posaunen und Schalen eben folgendes feststellt: Die schon vorn bei den Posaunenstößen beschriebenen Folgen sind diejenigen, die der Physiker und Nuklearmediziner als akute Sofortschäden kennt. Die hinten unter den zugehörigen Schalen beschriebenen Folgen sind dagegen gerade diejenigen, die man als langfristige Auswirkungen erwartet."
Die uns interessierende Frage ist nun nicht, ob die in den Posaunen- und Zornschalengerichten vorhergesagten Endkatastrophen sich auch tatsächlich auf dem von Bernhard Philbert als möglich bezeichneten physikalisch-technischen Wege erfüllen werden. Daß Gott auch auf völlig andere Weise als auf dem Wege der menschlich, technischen Entwicklung seine Gerichts- und Gnadenverheißungen zur Erfüllung bringen kann, steht für denjenigen außer Zweifel, der Gottes Wort ernst nimmt. Den Wert

solcher Nachweise sollten wir lediglich darin sehen, daß bis dahin „spukhaft-phantastische" Zukunftsaussagen der Heiligen Schrift plötzlich den Charakter des schon rein technisch Möglichen erhalten. Sie machen die Weissagung — wie Philbert sagt — zu einer „kurzgefaßten Erlebnisbeschreibung" kommender Dinge, wie sie bereits und gerade durch die allerneueste Entwicklung der Technik erwartet werden können[7]. Wie immer aber auch die Weissagung sich im einzelnen erfüllen mag, wir haben allen Grund, in die gottfernen Welt- und Lebensordnungen der Zeit hinein das Wort Jesu zu hören, das er in der weiteren Folge seiner großen Zukunftsrede über die Trübsal der Endgerichte ausspricht:

> „Denn es wird alsdann eine große Trübsal sein, wie nicht gewesen ist von Anfang der Welt bis her und wie auch nicht werden wird. Und wo diese Tage nicht würden verkürzt, so würde kein Mensch selig; aber um der Auserwählten willen werden die Tage verkürzt" (Matth. 24, 21 f.).

---

[7] Wir meinen an dieser Stelle allerdings noch ein anderes sehen und sagen zu müssen: Solche Feststellungen wissenschaftlicher Fachleute sind auch hochgradig geeignet, die Lächerlichkeit der Denkweise gewisser modernistischer Theologien herauszustellen. Wie absurd und oberflächlich nehmen sich da die lautstark vorgetragenen Thesen kathedergewaltiger Herren aus, mit denen sie glauben, in großen Schritten über das schrift- und bekenntnisgebundene Glaubensverständnis alter und neuer Zeit hinwegschreiten zu können. Sie haben den traurigen Mut, große Teile des biblischen Wortes für „geistigen Schrott" zu erklären. Ganze Bücher des biblischen Kanons werden dabei auf die „religionsphilosophischen Müllplätze" getragen. Mit Pathos erzählen sie, daß die Bibel weithin nur noch eine Sammlung theologisch und moralisch veralteter Begriffe und Anschauungen sei. Dem staunenden Kirchenvolk und der nicht minder erstaunten Welt bringen sie aus dem sorgfältig durchsuchten „Schrott" noch ein paar restlich verbliebene Andenken aus theologisch vergangenen Zeiten mit, die man — je nach Geschmack — auf die „Vitrine seines Seelenhaushaltes" stellen könne.
Nun — mögen sie ihr Unternehmen verantworten. Wir ziehen es ihren unbewiesenen Behauptungen gegenüber auch auf dem wissenschaftlichen Gebiet vor, jene Möglichkeiten ernst zu nehmen, mit denen Gott jederzeit, sogar über den Weg einer kriegstechnischen Atomverwendung, seinen angezeigten Gerichtszorn durch gewissenlose Politiker und ihre Militärs über unsere gottlose Welt kommen lassen könnte. In jedem Fall sprechen die Schlüsse, die wir im Lichte der Erkenntnis moderner Wissenschaft ziehen, nicht für, sondern gegen die armseligen Behauptungen solcher theologischen Modernisten.

Die „Auserwählten" der Großen Trübsal

Die Frage, über wen sich der endzeitliche Zorn Gottes entladen werde, ist in den soeben zitierten Versen deutlich beantwortet. Die ganze Menschheitsgeneration, die die Periode der Großen Trübsal erlebt, bis in den Kreis der endzeitlichen „Auserwählten" hinein. Es wird vermutlich die körperlich und seelische Kraft vieler übersteigen, wenn sie die grauenvolle Erfüllung der letztzeitlichen Plagen erleben müssen. — Aber „um der Auserwählten willen werden die Tage verkürzt", sagt der Herr. Worin diese „Verkürzung" besteht, ist nicht gesagt[8]. Einige Stellen der Schrift, so auch die vorangegangenen Verse in Matthäus 24, deuten an, daß diese „Auserwählten" in dieser schwersten Zeit zu ihrer Bewahrung an eine Bergungsstätte fliehen werden. Mit großer Wahrscheinlichkeit ist mit dieser in Matthäus 24, 16 angedeuteten Flucht dasselbe gemeint, was Offenbarung 12 von jenem „Weibe" gesagt wird, „die das Knäblein geboren hatte. Und es wurden dem Weibe zwei Flügel gegeben wie eines großen Adlers, daß sie in die Wüste flöge an ihren Ort, da sie ernährt würde eine Zeit, zwei Zeiten und eine halbe Zeit ($3^{1}/_{2}$ Jahre) vor dem Angesicht der Schlange" (V. 13 f.).

Wer aber sind nun diese „Auserwählten", die die schrecklichen Endzeitgerichte der letzten sieben Jahre auf Erden durchkosten müssen? Die Terminangaben zeigen darauf hin, daß in der Hälfte dieser Zeit Gott sein besonderes Augenmerk auf sie gerichtet hält. Ihretwegen sollen die Tage verkürzt werden, heißt es. Tage, deren Schrecken bis in den Bergungsort hinein auf sie zu fallen scheinen (vgl. Matth. 24, 19 u. 20 mit Offenbarung 12, 13—17!). Wer sind sie? Diese Frage erfährt schon in den Zukunftsreden selbst eine — wie wir meinen — deutliche Antwort, selbst wenn wir Offenbarung 12 dabei außer Betracht lassen würden, obwohl die Parallele augenscheinlich gegeben ist. Nur eines muß zur Verdeutlichung vorausgesetzt werden: Es gilt, die deutliche Bezugnahme Jesu auf Israel in den voraus-

---

[8] Vermutlich ist die „Verkürzung" — wie etliche Ausleger sagen — bereits in die zweite Hälfte der daniel'schen Jahrwoche, also in die $3^{1}/_{2}$ Jahre der eigentlichen Zorngerichte Gottes eingeschlossen, mit denen dann die Große Trübsal zu Ende gehen wird.

gegangenen Versen von Matthäus 24 ernst zu nehmen. Wir dürfen Jesu Worte nicht ihrer Buchstäblichkeit entkleiden. Leider ist das gerade an dieser Stelle und demgemäß auch in Offenbarung 12 oft geschehen und geschieht noch immer. Die Folge davon ist eine gefährliche Verwirrung der Gemeinde Jesu, auf die wir weiter unten noch zurückkommen werden.

Der textliche Zusammenhang dürfte keinen Zweifel darüber aufkommen lassen, daß die „Auserwählten" jene Menschen sind, die den „Greuel der Verwüstung" stehen sehen werden an „heiliger Stätte". Diese heilige Stätte ist im „jüdischen Lande", wie wiederum ausdrücklich gesagt ist. Denen, die *dort* sind, wird die „Flucht in die Berge der Wüste Juda" geboten. Weil aber Fluchtzeiten immer schwere Zeiten sind, vor allem für werdende und stillende Mütter mit ihren kleinen Kindlein, stößt Jesus über diese Mütter Israels ein Wehe des *Mitleids* aus[9].

Und ein anderes bewegt den Herrn für diese jüdischen Auserwählten: Jüdische Menschen, auch wenn sie christusgläubig geworden sind, tun, um ihrer Bundestreue zum Bundesvolk willen, schwer, über die Einzelheiten im Bundeszeichen des Sabbats hinwegzusehen. Zu diesen Einzelheiten gehört auch die Bestimmung vom Sabbatweg (ca. 1 km, vergleiche 2. Mose 16, 29 mit Apg. 1, 12). Es könnte ihnen daher zur inneren und äußeren Anfechtung werden, den langen Fluchtweg über die kurze Strecke eines Sabbatweges hinaus unternehmen zu müssen. Jesus nimmt das ernst. Er mahnt — was wohl bei der prophetischen Verflechtung dieser Stelle und ihrer Ersterfüllung im Jahre 70 vor allem den Messiasgläubigen *jener* Tage gegolten hat — Gott darum zu bitten, daß ihre Flucht nicht am Sabbat geschehen müsse. Und, da sie sich verbergen müssen vor den antichristlichen Schergen im eigenen Volk und es schwer wäre, auf der Flucht zum Bergungsort die im Freien kalten Wüstennächte erleiden zu müssen, mahnt er außerdem: „Bittet aber, daß eure Flucht nicht im Winter geschehe." Welch eine liebende Fürsorge des Herrn spricht aus diesen Worten!

---

[9] Wir wollen damit sagen, daß der Weheruf Jesu in Matthäus 24, 19 bestimmt kein Weheruf des Gerichtes über das eheliche Leben ist, wie man ihn törichterweise auch schon zu deuten versucht hat.

Natürlich muß damit gerechnet werden, daß gerade solche Einzelzüge der Parusieweissagungen Jesu eine geschichtlich stark voneinander abweichende Erfüllungsweise haben werden. Wir sprachen schon zu Eingang unserer Schrift davon. Anders sah die Ersterfüllung im Jahre 70 aus, anders wird die Letzterfüllung in der 70. Jahrwoche Daniels sein. Gott aber wird jenen „Auserwählten" der Letzterfüllung durch die Führung des Heiligen Geistes im Augenblick, da es nötig ist, das richtige Verständnis für den einen oder anderen Einzelzug seiner Parusierede geben. Er hat es auch damals bei der Flucht der jüdischen Christen nach Pella getan. Die Geschichte des jüdischen Krieges zeigt das in ergreifender Weise. Sobald es sich aber für uns um die Frage handelt, um wen es sich in beiden Fällen der Erfüllung bei diesen Auserwählten der Großen Trübsal handelt, ist hier alles klar. Es sind die Auserwählten Israels.

Die Gefahr einer falschen Auslegungsweise

Man müßte einer solchen Stelle in höchst unzulässiger Weise Gewalt antun, wenn man sie trotz der geographischen und rassischen Hinweise der Verse Matthäus 24, 15—20 auf die Glieder der Gemeinde Jesu aus den Völkern anwenden wollte. Es war denn auch eine sehr „unreife Frucht", die einige unserer Schwabenväter sich vom „Baum der Erkenntnis" gepflückt hatten, als sie die Adresse jener Verse aus den Zukunftsreden Jesu und der bereits genannten Parallele in Offenbarung 12 von Israel weg auf die Gemeinde „umgeschrieben" haben. Unter diesem Irrtum wanderten sie aus, um den wiederkommenden Herrn an jenem „Bergungsort", der doch deutlich für Israel angezeigt ist, zu empfangen. Die einen glaubten sich durch die Angaben von Matthäus 24 an Palästina gewiesen, die anderen meinten den „Bergungsort" in Südrußland sehen zu müssen. Beide Gruppen wurden unter großen Enttäuschungen das Opfer solcher spiritualistischen Umdeutungen. Leider geistert der theologische Irrtum vom „Bergungsort" trotz solcher schmerzlicher Korrekturen aus der Väterzeit auch heute wieder durch neuerliche Veröffentlichungen unserer Tage. Wir können nur wiederholen: Wer solche Texte, mit denen die Schrift endzeitliche Ansagen an Israel gehen läßt, ihrer Buchstäblichkeit entkleidet und auf die Gemeinde anwendet, macht sich der Fehlleitung der Gemeinde Jesu schuldig und richtet Verwirrung an. Gerade an endgeschichtlichen Texten, wie es die Zukunftsreden Jesu sind, sollte man sich ernstlich vor jeder vergeistigenden Umdeutung hüten. Wo der Herr mit klaren Worten eine Stelle auf ihre buchstäbliche Erfüllung hingesprochen hat, gilt es, jeder spiritualistischen Umdeutung zu widerstehen.

Wer hier nicht schuldig werden will, muß sich auch im Blick auf den Begriff „Auserwählte" in den Weissagungen der Ölbergrede ganz grundsätzlich sagen lassen, daß er sich in erster Linie auf Israel bezieht und nur an bestimmten Stellen auf die Gemeinde anwenden läßt. Gottes Weg mit Israel ist eben genauso, wie der Weg der neutestamentlichen Gemeinde ein Weg der Berufung von „Auserwählten". Wer dem Wortlaut des Textes von Matthäus 24 nicht mit vorgefaßter Meinung gegenübertreten will, kann und darf bei der Frage nach den Auserwählten in den Versen 22 ff. die Begriffe „wer im jüdischen Land ist" oder „Flucht am Sabbat" oder „Greuel der Verwüstung an heiliger Stätte" nicht in den Wind schlagen. Die Meinung, daß Jesus die Gemeinde aus der Völkerwelt in seinen Parusiereden überhaupt nicht im Blickfeld gehabt habe, teilen wir damit nicht. Im Gegenteil! Jesus spricht in seinen Zukunftsreden alle zur Endzeit bestehenden Geschichtskreise an: Israel sowohl als die Völkerwelt und die Gemeinde. Wo aber bestimmte Worte und Lehren Jesu in so deutlicher Beziehung zu alttestamentlichen Lehraussagen für das Israel der Endzeit stehen, wie das in den genannten Versen der Fall ist, kann und darf die Adresse nicht ausgewechselt werden.

An dieser Stelle muß auch einem anderen Irrtum widersprochen werden. Wer in den Parusiereden die „Auserwählten" der Endzeit wahllos als Glieder der Gemeinde aus den Nationen bezeichnen wollte, müßte damit auch notgedrungen erklären, daß die Gemeinde mit der ungläubigen Welt und dem ungläubigen Israel den Kelch des Zornes Gottes bis auf die Hefe auszutrinken habe. Auch die Ausflucht in eine Bergungslehre würde daran nichts ändern. Daß und warum aber die Gemeinde Jesu mit der Bergungslehre nichts zu tun hat, haben wir bereits oben nachgewiesen. Aus alledem ergibt sich, daß die Frage, ob die Gemeinde Jesu durch die Zorngerichte der Großen Trübsal zu gehen habe, mit Matthäus 24, 21 f. nicht entschieden werden kann. Die Frage, wer die Auserwählten von Matthäus 24, 15—22 sind, muß mit Ernst gestellt und in wortgebundener Exegese beantwortet werden. Gewiß — wären die Auserwählten, von denen der Herr hier spricht, entgegen dem Textzusammenhang, keine jüdischen Menschen, sondern Glieder der Gemeinde Jesu Christi aus den Nationen, dann gäbe es allerdings über die Zeitpunktfrage der Entrückung keine Debatte mehr. Unwiderleglich stünde in diesem Fall fest, daß die Gemeinde Jesu den bitteren Kelch der Zornesleiden mitzutrinken hätte bis auf den letzten Rest. Dann wäre aber auch jener Hoffnung, sie könnte zumindest aus der Mitte der Großen Trübsal heraus entrückt werden, jede Grundlage entzogen. Sie, d. h. die letzte Generation der Jesus-Christus-Gemeinde, müßte dann mit der Welt und mit Israel und seinen Auserwählten durch die ganze Schwere des Letzten hindurch.

Man verstehe uns recht. Wir beabsichtigen hier nicht die Frage zu entscheiden, ob die Gemeinde durch die sogenannte Große Trübsal hindurch zu gehen hat oder ob sie vorher oder aus ihr heraus entrückt wird. Wir sind demgegenüber der Überzeugung, daß die Zeitpunktsfrage der Entrückung überhaupt nicht mit dem Ereignis der Großen Trübsal verbunden werden sollte. Die Gründe für diese Überzeugung haben wir in einer längeren Anmerkung des Druckwerkes: „Weltreich und Gottesreich in Prophetie und Erfüllung" (Hänssler-Verlag) Seite 192 eingehend dargelegt. Uns lag vielmehr mit der obigen Erörterung dieses Themas lediglich daran, festzustellen, daß die zweite Periode der Endzeit, die Große Trübsal, nach Jesu deutlichem Wort es der Adresse nach mit der Völkerwelt und dem in der Endzeit ins Land der Väter zurückgekehrten Israel zu tun hat. Mag der Kreis der messiasgläubigen Auserwählten in Israel heute noch klein und gering sein. Wir brauchen nur an das Auftreten der beiden Zeugen von Offenbarung 11 zu denken, um zu ahnen, wie rasch diese Minderheit in Israel zu einer stattlichen Zahl anzuwachsen vermag, wobei dann das Wort von Israels „Auserwählten" sofort eine umfassende Bedeutung gewinnen könnte[10].

Falschprophetismus im Judentum der Endzeit

Das vom Herrn als erstes genannte Wesensmerkmal der Endzeit ist, wie wir wissen, das Aufkommen verführerischer Menschen und Kräfte. Daß Jesus dieses Merkmal auch für den Geschichtsbereich der „Auserwählten" feststellt, die „im jüdischen Lande" sind, unterstreicht das Umfassende der endzeitlichen Verführung: Er sagt zu ihnen:

> „So *alsdann* jemand zu *euch* wird sagen: Siehe, hier ist Christus, oder: da, so sollt ihr's nicht glauben. Denn es werden falsche Christi und falsche Propheten aufstehen und große Zeichen und Wunder tun, daß verführt werden in den Irrtum, wo es möglich wäre, auch die Auserwählten" (V. 23 u. 24).

Daß der antichristliche Geist des Endes auch Israel in seinen Bann zieht, braucht übrigens nicht wunderzunehmen. Israel geht ja als christus*feindliches* Volk aus den Völkern der Erde ins Land

---

[10] Noch eine andere Überlegung ist an dieser Stelle gerechtfertigt, nämlich die Frage: Wo sind der assyrischen Gefangenschaft des einstigen Nordreiches (722 v. Chr.) nicht mehr zurückgekehrten 10 Stämme Israels? Die derzeitig bekannte Judenschaft stammt ja aus den zwei Stämmen des Südreiches, Juda und Benjamin. Auch diese Stämme waren (606 v. Chr.) in eine Gefangenschaft geraten, nämlich in die Gefangenschaft des babylonischen Weltreiches. Von dort aber sind deren Nachkommen nach siebzig Jahren wieder zurückgekehrt. Am „Ende der Tage", wie das Alte Testament die Zeit des kommenden Messias bezeichnet, sollen aber die Stämme Judas mit den Stämmen Israels geschichtlich wieder vereinigt werden. Man lese dazu Hesekiel 37, 15—22; Offenbarung 7, 1—9 u. a. St.! Also müssen diese Stämme in der Endzeit geschichtlich vorhanden sein.
Die Frage, wo diese Stämme zu suchen sind, konnte bisher nur hypothetisch, d. h. als Vermutung beantwortet werden. Auch noch so einleuchtende Lösungsversuche lassen letzte Fragen offen. Die geschichtliche Überraschung kann daher plötzlich und von einer unverhofften Seite her kommen, die dann nicht nur die Frage nach der Herkunft der „verlorenen Stämme" löst, sondern zugleich auch die Frage nach der in Offenbarung 7, 1—9 geweissagten Zahl von 144 000 Versiegelten aus allen Stämmen Israels (V. 4). Welch eine stattliche Heerschau von endzeitlichen Auserwählten wird das ergeben!

der Väter zurück. Eine derzeitige Statistik stellt fest, daß die Orthodoxen unter den Eingewanderten Israels nur einen verschwindend kleinen Bruchteil der Bevölkerung ausmachen. Die Christusgläubigen werden gar nur auf einige Hundert geschätzt. Die Masse des Volkes aber wird als religiös entweder gleichgültig oder zu einem nicht geringen Teil betont atheistisch bezeichnet. Dabei sind die wenigen Zionsgläubigen (Orthodoxen) keineswegs Freunde ihrer christusgläubigen Volksgenossen, sondern, genau wie die Masse des Volkes und seine Führer, fanatische Bekämpfer des neutestamentlichen Christusglaubens. Ihre Frömmigkeit besteht weithin in einer blinden Hingabe an die Außenseite der alttestamentlichen Gottesoffenbarung.

In diesem Zusammenhang darf an unsere Glaubensväter im Pietismus erinnert werden. Sie sprachen z. T. in voller Überzeugung davon, daß zwar der politische Antichrist und sein Reich wohl aus der Völkerwelt kommen werde. Sein falscher Prophet aber, der religiöse Antichrist, könne ohne weiteres aus dem Judentum der Endzeit erwartet werden. Sie haben damit, nach unserer Meinung, eine richtige Unterscheidung zwischen politischem und religiösem Antichristen getroffen. Offenbarung 13 spricht deutlich von den zwei Führungsgestalten des antichristlichen Weltreiches. In Tierbildern wird dort von ihnen geweissagt. Mit dem ersten Tier, das sieben Häupter und zehn Hörner hat, wird vom letzten Weltreich und seinem Herrscher, also dem politischen Antichristen gesprochen (V. 1—10). Von Vers 11 ab ist von einem zweiten Tier die Rede, das nur zwei Hörner hat, „gleichwie ein Lamm, und redet wie ein Drache". Es wird in der Folge als der wundertätige Propagandeur des ersten Tieres beschrieben und in Offenbarung 16, 13 der „falsche Prophet" genannt. In einer Stelle des Johannesevangeliums scheint auch der Herr selbst die Herkunft des „zweiten Tieres" aus dem Judentum anzuzeigen, wenn er vor den Ohren seiner jüdischen Volksgenossen sagt: „Ich bin gekommen in meines Vaters Namen, und ihr nehmet mich nicht an. So ein anderer wird in seinem eigenen Namen kommen, den werdet ihr annehmen" (Joh. 5, 43).

Selbst wenn diese Frage der Herkunft des religiösen Antichristen offengelassen wird, muß es doch bei der obigen These bleiben:

Israel kehrt nicht als erneuertes Gottesvolk, sondern in antichristlichem Geist ins Land der Väter zurück. So spricht Gott durch den Propheten Zephanja (Kap. 2, 1 f.): „Sammelt euch und kommt her ihr *feindseliges Volk,* ehe denn das Urteil ausgehe, daß ihr wie die Spreu bei Tage dahinfahrt; ehe denn des Herrn grimmiger Zorn über euch komme; ehe der Tag des Zorns des Herrn über euch komme." Der kommende Tag des Herrn wird daher nicht nur für die gottferne Völkerwelt, sondern auch für Israel ein „Tag großer Bedrängnis" werden. An nicht wenigen Stellen der endzeitlichen Weissagung wird dies gesagt. Im Propheten Jeremia (Kap. 30, 3 u. 7) lesen wir: „Denn siehe, es kommt die Zeit, spricht der Herr, daß ich das Gefängnis meines Volkes Israel und Juda wenden will, spricht der Herr, und will sie wiederbringen in das Land, das ich ihren Vätern gegeben habe, daß sie es besitzen sollen. Es ist ja ein großer Tag, und seinesgleichen nicht gewesen, und ist *eine Zeit der Angst in Jakob;* doch soll ihm daraus geholfen werden." Gott kann dem Glaubensabfall das Gericht nicht ersparen. Das gilt für den einzelnen, wie für die Völker. Es gilt auch für das Volk seiner Wahl. Abfall von Gott ist immer die Weichenstellung des Menschen zum Gericht. Es ist die Sünde der Sünden. Würde nun Gott die Sünde des Menschen sich nicht auswirken lassen im Leid, so wüßte bald niemand mehr, daß Sünde wirklich Sünde ist. Im Blick auf die „angeborene Verderbnis menschlicher Natur" (Luther) aber hat sich Israel noch nie von den Weltvölkern unterschieden. Schon seine Propheten klagen darüber, daß das Herz des Volkes „immer den Irrweg will und sie Gottes Wege nicht lernen wollen" (Ps. 95, 10). Hängt aber Israels Herz nicht an Jehova, seinem Gott, dann opfert es seine Kräfte und Gaben den Götzen der Umwelt, wie die anderen Völker. Auch im endzeitlichen Abfall der antichristlichen Völkerwelt geht Israel Hand in Hand mit den anderen. In beiden Fällen aber lebt der Abfall von ein und derselben Quelle, vom falschen Prophetentum. Dieses trägt bereits heute in einer nie dagewesenen Lautstärke der Verführung die Schatten des Endes bis in das „Heerlager der Heiligen" hinein. Es ist in beiden Bereichen der Geschichte, im Judentum wie in der Völkerwelt, nur eine Minderheit, die dem falschen Prophetismus widersteht und endlich den „Sieg über das Tier" behalten wird — die Gemeinde des Glaubens.

Der Antichrist ist, so sagten wir es weiter oben, Karikatur und Konkurrenz des Sohnes Gottes zugleich. Man nennt ihn daher mit Recht auch den „Anstatt-Christus". Wie stark im Staate Israel der Geist des „Anstatt-Christentums" die Gesellschaft erfüllt und prägt und wie unwidersprochen der Falschprophetismus des Landes am Werk ist, mag an folgender, scheinbar harmlosen, aber von den Massen des Volkes mit großer Begeisterung aufgenommenen Äußerung *Ben Gurions* gezeigt sein. Ben Gurion war der Mitbegründer und langjährige Führer des Volkes. Er hatte als Ministerpräsident sein Amt für eine Zeitlang abgegeben. Als er 1955 in die Regierung zurückkehrte, stellte er seinem Volk ein neues Ziel. In einer Regierungserklärung sagte Ben Gurion u. a.: „Wir werden unsere Universitäten und Forschungsinstitute ausbauen und entwickeln und die besten jüdischen Wissenschaftler der Welt heranziehen. Wir werden Wasser in die Wüste bringen. Wir werden die Wüste fruchtbar machen und sie in einen Garten Eden verwandeln. Wir werden die Baracken und Elendsquartiere beseitigen. Wir werden jedem Israeli eine gute Schulbildung, ein ordentliches Einkommen, eine anständige Unterkunft und wirtschaftliche Sicherheit für sein ganzes Leben garantieren. Wir werden der Welt ein Beispiel geben. Wir werden wirklich ein „auserwähltes Volk" sein, ohne Klassen, ohne Ausbeutung, ohne Entrechtung und werden somit die Visionen unserer Propheten erfüllen."

Was hier Ben Gurion, der hochverdiente Mann seines Volkes, in den ersten Sätzen aus seiner Regierungserklärung sagt, entspricht dem Recht jeden Staatsmannes. Es ist gut, wenn er den Bürgern seines Landes das Beste zu geben beabsichtigt. Die Gefährlichkeit der Sache aber liegt im Falle dieser Regierungserklärung im letzten Satz, wenn er sagte: *„... und werden somit die Visionen unserer Propheten erfüllen."* Wie war das, als die Propheten Israels vom kommenden Reich Israels sprachen? Sie verkündigten die Leiden, die auf *Christum* kommen sollten und die Herrlichkeiten danach (1. Petr. 1, 11). Denn — „der Geist *Christi* war in ihnen", sagt dieselbe Stelle des Neuen Testamentes. Wenn aber die heimgekehrten Israelis die Visionen ihrer Propheten *selbst* erfüllen, dann ist allerdings der Messias, wie ihn die Propheten im Blick auf das Heil des Volkes und die

Hoffnung seiner Zukunft verkündigten, zur bloßen Attrappe geworden.

Das gewählte Beispiel ist nur eines der vielen Symptome des endzeitlichen „Anstatt-Christentums", dem auch das heimkehrende Volk der Juden verfallen ist. Welche der heute möglichen Gesellschaftsformen solchen Zielen auch zugrunde gelegt werden mögen, ob in westlicher oder östlicher Orientierung, macht hier keinen Unterschied. Man ersetzt den vom Himmel gekommenen Messias der Propheten durch sich selbst. Kein Wunder, daß man den biblischen Messianismus unbequem findet und die Botschaft seiner Erfüllung in Jesus Christus leidenschaftlich verwirft. Man sperrt zugunsten eines „Anstatt-Christentums" den bürgerlichen Raum verärgert vor ihm zu. Es ist hier kein Unterschied zwischen Israel und den Weltvölkern! Der jüdische Religionsphilosoph *Martin Buber,* den man zu den großen Söhnen seines Volkes rechnet, hat genau in dieser Haltung den Ausgangspunkt einer kommenden „Solidarität der Welt" gesehen und gesagt: „Aus allen feindlichen Lagern zusammentretend, werden die in der Vollmacht des Geistes Stehenden miteinander *planetarisch* zu denken wagen." Planetarisch — nicht biblisch! Martin Buber hat sich mit Stolz zu diesen Solidaristen gezählt. Sie haben ihre Stützpunkte in aller Welt und in allen Religionen. Namhafte Buddhisten ärgern sich maßlos über den „christlichen Fundamentalisten" *Karl Barth* wegen des von ihm vertretenen Absolutheitsanspruchs Christi im Evangelium. Sie alle richten an diesen Absolutheitsanspruch und seine bibelgebundenen Vertreter die Frage: „Warum wollt ihr durchaus auf Christus zurückführen, was wir auch ohne diesen Christus haben oder mindestens so gut wie ihr zu haben glauben?" — Ein Beispiel für viele.

Solche Symptome der Endzeit durchziehen die Breite der Völkerwelt — Israel ist davon nicht ausgenommen. Sie entsprechen jenem geweissagten Antichristentum, auf dessen Grundsätze man sich in aller Welt planetarisch denken und billig zusammenschließen kann. Wehe der judenchristlichen Minderheit, wenn sie in Israel öffentlich sagen wollte: „Ihr irret gegen den Messias unseres Volkes und den Herrn der ganzen Welt — Jesus Christus!" Dem Wahrheitsbekenntnis der Offenbarung Gottes in seinem Sohne, Jesus Christus, ist der Mund verboten. Praktizierende

Judenchristen haben keine Aussicht auf Anerkennung einer jüdischen Vollbürgerschaft in Israel. Ihr Judesein wird verworfen. Sie sind auch als Staatsangehörige im allgemeinen nur ungern gesehene Gäste in Israel.

Juden und Araber im Gleichschritt der Endzeit

Isaak und Ismael, d. h. Juden und Araber, die beiden Söhne Abrahams, sind feindliche Brüder. Das ist seit den Jahrtausenden so. Die Rückkehr Israels, der Söhne Isaaks, ins Land der Väter hat diese Feindschaft nicht geändert. Der Haß der feindlichen Brüder scheint immer leidenschaftlicher zu werden. Aber seltsam — an einer Stelle wissen sich Isaaks und Ismaels Söhne, Judentum und islamischer Glaube, solidarisch. Da nämlich, wo es um die Stellung zu Jesus und seinem Heil geht. Der Islam ist durch und durch antichristlich, obwohl Mohammed der Person unseres Herrn einen erstaunlich hohen Rang im Pantheon der Geister zuerkannt hat: Jesus ist der von Gott gesandte Prophet, durch übernatürliche Geburt in die Welt gekommen. Ohne je gekreuzigt worden zu sein — was wird Gott zugelassen haben, daß sein Sohn von Juden gemordet werden durfte! — ist er nach seiner Erdenzeit in den Himmel gefahren. Und er wird wiederkommen. Das alles bekennt der Islam von Jesus. In dieser Hoheit ist er eingebaut in die islamische Weltreligion und — antichristlich entwertet! Denn, wie groß Jesus auch sein mag — größer als er ist Mohammed. Nun gibt es auch in Israel genug hohe Geister, die Jesus als großen, ja als den größten Sohn ihres Volkes feiern. Der Messias aber ist er nicht. Gerade an dieser Stelle der Wertung Jesu werden eines Tages auch Isaak und Ismael zur „Solidarität der Welt" verbunden sein. Martin Buber wird recht behalten: „Aus allen feindlichen Lagern zusammentretend, werden die in der Vollmacht des Geistes Stehenden miteinander planetarisch zu denken wagen." Bis dann „der Greuel der Verwüstung" stehen wird an heiliger Stätte. Dann freilich wird Israels Erwachen beginnen. Dann — in der Mitte der sieben Jahre „großer Trübsal" — werden es die „Verständigen" in Israel mit neuen Ohren hören: „Und von der Zeit an, wenn das tägliche Opfer abgetan und ein Greuel der Verwüstung aufgerichtet wird, sind tausendzweihundertneunzig Tage. Wohl dem, der da wartet und erreicht tausenddreihundertfünfunddreißig Tage" (Dan. 12, 11 f.). „Und sie werden ihn sehen, welchen sie zerstochen haben; und werden um ihn klagen, wie man klagt um ein einziges Kind, und werden sich um ihn betrüben, wie man sich betrübt um ein erstes Kind..." (Sach. 12, 10). Dann freilich wird auch jene Weissagung des Jesaja in Erfüllung gehen, wo Ismael und Isaak vereint sein werden zu froher Anbetung des wahren Gottes Israel: „Und der Herr wird den Ägyptern bekannt werden; und die Ägypter werden den Herrn kennen zu der Zeit und werden ihm dienen mit Opfer und Speisopfer und werden dem Herrn geloben und halten. Und der Herr wird die Ägypter plagen und heilen; denn sie werden sich bekehren zum Herrn, und er wird sich erbitten lassen und sie heilen. Zu der Zeit wird eine Bahn sein von Ägypten nach Assyrien, daß die Assyrer nach Ägypten und die Ägypter nach Assyrien kommen und die Ägpyten samt den Assyrern Gott dienen. Zu der Zeit wird Israel selbdritt sein mit den Ägyptern und Assyrern, ein Segen mitten auf Erden. Denn der Herr Zebaoth wird sie segnen und sprechen: Gesegnet bist du Ägypten, mein Volk, und du Assur, meiner Hände Werk, und du Israel, mein Erbe!" (Jes. 19, 21—25).

Der „Greuel der Verwüstung" und ein europäisches Großreich

Der Hinweis Jesu in Matthäus 24, 15 auf das Buch Daniel schließt, wie wir sahen, nicht nur allgemein endgeschichtliche Vorgänge im Judentum in sich. Er spricht auch (in zumindest indirekter Weise) vom Antichristen, wenngleich von seiner Person Jesus in seinen Parusiereden nicht redet. Soll jedoch der im Propheten Daniel geweissagte „Greuel der Verwüstung" aufgerichtet werden „an heiliger Stätte" — und Jesus bezieht sich darauf! —, dann ist das ohne eine personifizierte politisch-weltanschauliche Sendungsmacht nicht möglich. Diese Sendungsmacht aber ist, nach den prophetischen Lehraussagen des Buches Daniel, der politische Antichrist, der Herrscher des geweissagten letzten Großreiches, das der wiederkommende Herr durch sein verheißenes Friedensreich ablösen wird. Der Hinweis Jesu auf jene Macht, die den „Greuel der Verwüstung" aufrichtet, deutet also nicht nur auf den Herrscher selbst, sondern auch auf sein Reich, wie es durch den Propheten Daniel geweissagt ist. Dieses geweissagte Großreich geht, wie Daniel 2 u. 7 erkennen läßt, deutlich auf den europäischen Raum. Sowohl Daniel als auch die Offenbarung Johannes sprechen von zehn Einzelstaaten, die das im Gebiet des einstigen Römerreiches wiedererstandene letzte Weltreich bilden sollen (Dan. 2, 42—45; 7, 7. 8; Offb. 13 und 17, 12—16). Aus diesen antichristlich regierten Staaten nun geht als Führungsspitze der Antichrist hervor. Im geographischen Raum dieses Reiches entfaltet er seine Macht. Und hier im Bereich der Mittelmeermenschheit (siehe die Grenzen des alten Römerreiches!) werden die Ereignisse der großen Trübsal eingeleitet werden.

a) Wladimir Solowjew sagt die „Vereinigten Staaten von Europa" an

Wie eindeutig die Aussagen der prophetischen Bücher der Bibel von diesem letzten Großreich der Erde auf europäischem Boden sprechen, kann an einem eindrucksvollen Beispiel nachgewiesen werden. Wladimir Solowjew, einer der bedeutendsten Männer, die das zaristische Rußland im vorigen Jahrhundert hervorgebracht hat, starb im Jahre 1900. Er war ein vielbeachteter Religionsphilosoph und bereits in jungen Jahren Hochschullehrer. Dostojewski und Tolstoi sind ihm zu Füßen gesessen. Er wußte sich in den Anfangsjahren seiner philosophischen Laufbahn dem Panslawismus verpflichtet, den er mit glühender Leidenschaft vertrat. Der Panslawismus lebte von der Idee, daß Rußland die religiöse Sendungsmacht des Reiches Gottes sei, berufen, die politische und religiöse Einigung der ganzen Welt herbeizuführen. Durch einige äußere Umstände, vor allem aber durch die Lektüre des prophetischen Wortes der Schrift, erlebte Solowjew eine beispielhafte Umwandlung seiner philosophischen Denkweise und eine der seltsamsten Bekehrungen aus der religionsphilosophischen Schwärmerei seiner Anfangszeit hin zum biblischen Christentum. Die Weissagungen der Schrift über die Endzeit und vor allem das prophetische Bild vom Antichristen enthüllte ihm bei zunehmender Forschung die Gefährlichkeit seiner früheren philosophischen Lehren. Er beurteilte sie später selbst als bahnbrechende Irrlehre für jenes Antichristentum der Erde, wie es am Vorabend der Wiederkunft Christi im persönlichen Antichristen seine führende Spitze erhalten soll. Mit wachsendem Staunen entdeckte er die prophetischen Grundrisse der Endzeit und gewahrte auch den geographischen Schauplatz dieser Dinge in der geweissagten Bildung eines europäischen Großreiches. In seinem Werk: „Kurze Erzählung vom Antichristen", das, wie wir bei einer früheren Zitierung Solowjews (siehe Anmerkung 6!) bereits sagten, Weltbedeutung erlangt hat und noch heute zu den meistgelesenen und vieldiskutierten Stücken der russischen Literatur gerechnet wird, gibt er diesem europäischen Großreich den Titel: „Die Vereinigten Staaten von Europa." Als das Entscheidende dieses Gebildes der Endzeit arbeitet er in seinem Werk den Antichristen heraus, wie dieser schließlich unter abenteuerlichen Umständen die „Vereinigten Staaten von Europa" zum Sprungbrett für die Eroberung der ganzen Kulturwelt macht.

Solowjew fühlte sich nach seiner Hinkehr zur biblischen Wahrheit von diesem Zielpunkt der endzeitlichen Weltgeschichte so gepackt, daß ihn nur noch eine Aufgabe erfüllt, dem satanischen Menschheitsgenie — dem Antichristen — „die Maske vom Gesicht zu reißen". Die Menschheit sollte nicht ohne Warnung bleiben. Wir haben, um das Einmalige dieses Mannes und seiner Erfahrung mit dem prophetischen Wort möglichst vielen Gläubigen zugänglich zu machen, die in der Schriftenreihe „Korntaler Hefte" (Nr. 3) herausgekommene Broschüre geschrieben: Wladimir Solowjew, der Künder des Antichristen, 92 Seiten, erschienen im Hänssler-Verlag, Stuttgart. Lic. Brandenburg, der gute Kenner der russischen Geschichte, schrieb in einer Besprechung dieser Schrift: „Eine der interessantesten Gestalten Rußlands aus dem Ende des vergangenen Jahrhunderts ist Solowjew. Man nennt ihn oft einen Religionsphilosophen; aber er war ungleich mehr: ein Wahrheitssucher, ein Denker, ein Jünger Jesu und — wir sagen nicht zuviel! — eine Prophetengestalt. Seine Sicht vom kommenden Antichristen ist ganz erstaunlich. Vieles, was er kommen sah, ist heute erfüllt oder in Erfüllung begriffen."

Es ist in der Tat so. Als Solowjew im Jahre 1900 die Augen für diese Welt schloß, war geschichtlich noch keine Spur von der Entwicklung des gespaltenen Europa zu den „Vereinigten Staaten von Europa" zu sehen. Alles, was Solowjew in literarisch geprägter Form zu diesen Dingen gesagt hat, bezog er aus den Vorhersagen der Heiligen Schrift. Heute ist Europa und die übrige Welt längst auf dem Marsch in jenes Letzte, das Solowjew in seiner erlesenen Sprache gedeutet hat.

b) Europa auf dem Wege seiner endzeitlichen Gestalt

Ein bedeutsamer Schritt zur Erfüllung der biblischen Europa-Prophetie scheint uns die Schaffung und Entwicklung der „Europäischen Wirtschaftsgemeinschaft" zu sein. Im Jahre 1957 wurde in Rom der sogenannte gemeinsame Markt gegründet. Es kam zu den „römischen Verträgen" der Europäischen Wirtschaftsgemeinschaft, die von sechs Staaten Europas, der Bundesrepublik, Frankreich, Italien, Belgien, Holland und Luxemburg unterzeichnet wurden. Die Gründung hatte zunächst nur wirtschaftlichen Charakter. Es wurde angestrebt, die Zölle für den Handel abzuschaffen, damit die Güter unter den Mitgliedstaaten frei ausgetauscht werden können. Bereits kurz nach Gründung der Europäischen Wirtschaftsgemeinschaft (abgekürzt EWG) äußerte ein hoher europäischer Regierungsbeamter vor der Mitgliederversammlung der Handelskammer Deutschland-Schweiz die Überzeugung, daß eine fruchtbare wirtschaftspolitische Zusammenarbeit aller Staaten des freien Europas möglich sei. Dabei könne aber das Recht der Staaten der Europäischen Wirtschaftsgemeinschaft, über die wirtschaftliche Verflechtung hinaus auch eine enge politische Verschmelzung anzustreben, nicht bestritten werden.

Die seitherige Entwicklung der EWG ist genau in dieser Richtung gegangen. Man glaubt daher nicht ohne Grund, daß die EWG schließlich erreichen werde, was bislang kaum für möglich gehalten wurde, nämlich eine Vereinigung der europäischen Länder auf politischer Grundlage. Ein Kommentator schreibt dazu: „Ein vereinigtes Europa, das einen Hauptteil der zivilisierten

Welt vom Atlantik bis zum eisernen Vorhang umspannt, ist im Entstehen und wird sich zur größten Industrie- und Wirtschaftsmacht der Erde entwickeln."

Israels Rückkehr ins Land der Väter und die gleichzeitige Bildung eines paneuropäischen Großreiches waren von jeher für die Forscher des prophetischen Wortes die Grundzeichen der endzeitlichen Entwicklung und damit Vorboten der Wiederkunft Jesu Christi. Gewiß — die Bildung eines gemeinsamen Marktes macht an sich noch nicht das vorhergesagte Wiederaufleben des Römischen Reiches aus. Bis heute ist den Staatsmännern die Einigung Europas nicht gelungen. Es hatte in den letzten Jahren wiederholt den Anschein, als würde auch die EWG mit ihren Zielsetzungen auf halbem Wege stehen und stecken bleiben. Wieweit nun inzwischen Gottes Zeit für diese Ereignisse gekommen ist, wird der weitere Gang der Dinge vielleicht schon bald deutlich machen. Der wache Christ wird unterdessen die Entwicklung der paneuropäischen Erscheinungen mit Spannung verfolgen. Es gilt immer neu zu bedenken, wieviel solche, auf die Prophetie bezogenen Ereignisse sowohl im jüdischen Bereich als auch im europäischen Raum bedeuten können. Weissagung und Erfüllung aber sind wie zwei zum Schwur erhobene Gottesfinger, die es bestätigen: Himmel und Erde werden vergehen; aber Gottes Wort vergeht nicht.

Falscher Prophetismus im Glaubensraum der Gemeinde Jesu

Das falsche Prophetentum, mit dem die erste Periode der Endzeit eingeleitet wird (Matth. 24, 4 f.) behauptet sich als antichristliche Sendungsmacht auch durch die zweite Periode der Endzeit hindurch — also durch die große Trübsal. Darauf machen uns die bereits zitierten Verse 23 f. aus der Periode der Großen Trübsal deutlich aufmerksam: „So alsdann jemand zu euch wird sagen: Siehe, hier ist Christus, oder: da, so sollt ihr's nicht glauben. Denn es werden falsche Christi und falsche Propheten aufstehen und große Zeichen und Wunder tun, daß verführt werden in den Irrtum, wo es möglich wäre, auch die Auserwählten."

Die Weissagung Jesu ist eindeutig. Der Grundzug der falschprophetischen Verführung bleibt die markanteste Wegmarke am völkergeschichtlichen Anmarschweg zur Wiederkunft Christi. Wer Ohren hat zu hören, der vernimmt schon heute den vielstimmigen Chor modernistischer Verführungsschreie, die lautstark die Gottesoffenbarung in Jesus Christus zum Verstummen bringen wollen. Und es ist diesen Stimmen nach Weissagung und Erfüllung ein weltweites Gelingen gegeben. Für die Glaubensgemeinde aller Sprachen und Zungen aber ist es überaus wichtig, daß sie auf alle modernistischen Neuheiten auf politisch-weltanschaulichem Gebiet und vor allem im religiösen Bereich mit wachen, kritisch-prüfenden Sinnen acht hat. Die Gemeinde lebt ja Tür an Tür in dieser längst den Endzuständen zugekehrten Welt. Sie erlebt es, wie die Verführungsgeister in wachsender Zahl die Führungsgremien der Welt inspirieren. Sie sieht auch bereits die weitreichende Frucht dieser Inspirationen. Am deutlichsten fällt sie im endzeitlichen Verhalten der Massen auf. Ob wir dabei an das „nachchristliche" Abendland denken mit den typisch antichristlichen Vorzeichen seiner Entwicklung, oder an die Aktivität der Weltreligionen, vor allem der missionierenden Religionen des Islam und des Buddhismus, des Hinduismus, des Konfuzianismus und neuerdings der sich in Japan schnell ausbreitenden Soka-gakkai-Religion — ob wir vor dem Staatsgefüge Israels mit seiner profilierten Spezialgeschichte stehen — überall begegnet uns dasselbe Bild. Dazu kommt, was wir schon mit dem 11. Vers im ersten Abschnitt der großen Parusierede Jesu festgestellt haben: die Verführungskräfte des endzeitlichen Falschprophetismus brechen auch in den Glaubensraum der Jesus-Christus-Gemeinde ein, um die Reihen der Gläubigen zu verwirren und zu lichten. Auch eine Unzahl von im Geist des Antichristentums verfaßten Bücher und Zeitschriftenartikel, Rundfunk- und Fernsehsendungen tragen das Ihre dazu bei. Und — es darf nicht übersehen werden — die falschprophetischen Mächte, die die Gemeinde Jesu gefährden, lauern *rechts und links* an ihrem Wege.

a) Falsches Prophetentum linker Hand

Von links wird die Gemeinde von einer modernistischen Veränderung des Evangeliums bedroht, die sich bereits mit unheimlicher Schnelligkeit auch an bibelgläubige Christen heranzuschaffen vermochte. Kathedergewaltige Leute halten es für eine ausgemachte Sache, daß die Gottessohnschaft Jesu und darum auch die Erlösungstheologie des Neuen Testamentes vom Blut Jesu Christi eine überholte Sache sei. Eine solche Bluttheologie vom Kreuz Christi könne den Menschen des 20. Jahrhunderts nicht mehr zugemutet werden, so sagen sie. Man müsse sie durch einen heute tragbaren Erlösungsbegriff ersetzen. Es gehe dem „mündig" gewordenen Menschen unserer Zeit nicht mehr um die reformatorische Frage nach dem gnädigen Gott, sondern um die Frage nach dem „gnädigen Nächsten". Ein solcher toleranter, gnädiger Nächster habe der Christ seinem Mitmenschen zu sein. Und dies ausnahmslos jedem gegenüber. Das Erlösungsprinzip für den modernen Menschen sei daher nicht mehr in der Sühnetheorie der Bibel, sondern in der Mitmenschlichkeit der Menschen untereinander zu sehen. Diese Mitmenschlichkeit habe sich völlig unabhängig von Glaubensfragen, in einer vorbehaltlosen Kompromißbereitschaft der Menschen untereinander anzuzeigen. Es gehe heute um die pluralistische Gestalt der Welt mit ihren tausend Gesichtern, zu denen man ein Ja finden müsse. Die Kirchen hätten in dieser Toleranz führend zu sein. Weder ein theologischer noch ein moralischer „Fundamentalismus" dürfe diese Toleranz belasten. Wo rechte Mitmenschlichkeit geübt werde, da bestehe zwischen einem Atheisten und einem Christen kein eigentlicher Unterschied mehr.

Wer solche und ähnliche Lehrstücke aus dem Munde neurationalistischer Theologen lange genug gehört hat, der weiß, welche Stunde geschlagen hat. Bereits im Jahre 1912 schrieb der heilsgeschichtliche Theologe *Bernhard Keller:* „Beginnt nicht jetzt überall in der Menschheit eine religiöse Welle sich zu erheben, die aber durchaus nicht für das rein biblische Christentum begeistert, sondern vielmehr entschlossen gegen dasselbe gerichtet ist?" Seit Pfarrer Keller diese Beobachtung niederschrieb, hat das geweissagte Antichristentum linker Hand im Raum der Christenheit seinen Vormarsch enorm beschleunigt. Die vernunftkritischen Lehren einer modernistischen Theologie reichen — so unglaublich es klingen mag — bis hin zur Infragestellung der Existenz Gottes überhaupt, also bis zum nackten Atheismus, einer sogenannten „Gott-ist-tot"-Theologie.

In seiner Veröffentlichung „Tagebuch eines Evangelisten" schreibt Seite 228 Pfarrer Dr. *Gerhard Bergmann*, der Verfasser der weitverbreiteten Broschüre „Alarm um die Bibel": „Hochinteressant und zutiefst erschütternd ist, was uns ein gelehrter Bruder aus Berlin informatorisch berichtet. In Jena gibt es ein Institut für Atheismus. Dieses Institut hat erklärt, daß die existentialistischen Theologen, also die Theologen der Bultmann-Richtung, ihnen eine wesentliche Vorarbeit und Hilfe im Kampf für den Atheismus leisten." Bergmann fügt hinzu: „Wir sind alle erneut entsetzt. So etwas in unserer evangelischen Kirche und Theologie! Armer Martin Luther, was ist aus deinem Werk der Theologie geworden?"

b) Falsches Prophetentum rechter Hand

Nicht weniger eifrig beschleunigt der Falschprophetismus rechter Hand seinen Lauf. Wir denken bei dieser Form der Glaubensverführungen an das Aufkommen einer Unzahl von Sekten, an das Anwachsen schwarmgeistiger Bewegungen im weiten Raum der Christenheit. Wo das Antichristentum linker Hand das Evangelium durch ein tollkühnes Zusammenstreichen der biblischen Texte verstümmelt — sie nennen das die „Entmythologisierung der Bibel" —, da entstellt das Sektentum und die Schwärmerei das Evangelium durch Zusätze zum Worte Gottes. Mit lautem Pathos der Sektengründer und ihrer Nachbeter in allen Ländern soll die Glaubensgemeinde auf außerbiblische und nebenbiblische Geistesoffenbarungen verpflichtet werden und sich für überbiblische und darum unbiblische Sonderlehren aufschließen. Schon die Unzahl sich widersprechender Lehren dieser Art zeigen den Geist an, aus dem sie kommen.

Dr. Paul Müller überschreibt in seinem aktuellen Buch „Unser Jahrtausend geht seinem Ende entgegen" (Hänssler-Verlag, Stuttgart) einen längeren Abschnitt unter dem Titel: „Das Jahrhundert der falschen Propheten." Darin spricht er mit fachlichem Wissen eine Reihe der hauptsächlichsten Erscheinungen dieser Art des falschen Prophetismus durch. Trotz einer Häufung von Namen und Bewegungen ist weder die Liste der von ihm angeführten Namen noch die der Bewegungen vollständig. Aber schon dieser Ausschnitt macht klar, wie real sich der vom Herrn herausgestellte Grundzug eines endzeitlichen Falschprophetismus und Pseudomessianismus in unseren Tagen erfüllt. Man braucht in der Tat nicht erst an den Türen der Diplomaten zu horchen, um zu wissen, daß Endzeit ist. Dr. Müller nennt u. a. neben den Namen von Gründern und Führern großer und kleiner Sekten wie Berna Naber, Lorber, Armstrong, Nostradamus, die bekanntesten Sekten der Endzeit, darunter die Christliche Wissenschaft, die Neuapostolen, Jehovas Zeugen, die Mormonen, die theosophische Gesellschaft und, neben politisch-weltanschaulichen Verführern jüngst vergangener Tage, die vielen Erscheinungen moderner Astrologie, Sterndeuterei, Horoskopglauben, Wahrsagerei, Großkundgebungen von Heilern und Heilerinnen und anderes mehr.

Falsches Prophetentum — und die Bewahrung der Gemeinde

Welch eine hohe Bedeutung kommt gerade an dieser Stelle der prophetischen Belehrung Jesu über das Wesen der Endzeit zu! Es wäre gewiß schon heute am Platze, daß die Gemeinde in tapferem Gehorsam auf die mit den Belehrungen verbundene Seelsorge ihres Herrn einginge. Denn gerade da, wo wir fragen möchten, wie der Jünger Jesu sich dem Falschprophetismus der Endzeit gegenüber verhalten soll, gibt der Herr, bis hinein in die zweite Periode der Endzeit, also bis in das Geschehen der Großen Trübsal hinein, klare Weisung. Eine Weisung, die dem ganzen Glaubensraum gilt, wo immer in der Endzeit noch bibelgläubige Menschen sind, sei's im messiasgläubigen Teil des

Judentums oder dort, wo die Gemeinde Jesu aus den Nationen dem Tag des Herrn entgegenharrt.

Sie darf es mit ihren Brüdern aus Israel hören und mit allen, denen auch „draußen" in der Welt das Wort Jesu noch etwas gilt:

> *„Siehe, ich habe es euch zuvor gesagt!* Darum, wenn sie zu euch sagen werden: ,Siehe, er ist in der Wüste', so geht nicht hinaus; ,siehe, er ist in der Kammer', so glaubt nicht. Denn gleichwie der Blitz ausgeht vom Aufgang und scheint bis zum Niedergang, also wird auch sein die Zukunft des Menschensohnes. Wo aber ein Aas ist, da sammeln sich die Adler" (Matth. 24, 25—28)[11].

Die Autorität des prophetischen Wortes

Der Herr verweist in Vers 25 den falschen Propheten und Christussen gegenüber auf sein prophetisches Wort: „Siehe, ich habe es euch zuvor gesagt!" Es geht also auch den Verführungs-

---

11 Auf dem Höhepunkt der Endzeit wird der „falsche Prophet", wie es scheint, allen Falschprophetismus in seiner Person zusammenfassen. Er ist ja das weiter oben mehrfach erwähnte „zweite Tier" in Offenbarung 13. Von ihm wird gesagt, daß es „große Zeichen tut, daß es auch macht Feuer vom Himmel fallen vor den Menschen; und verführt, die auf Erden wohnen, um der Zeichen willen, die ihm gegeben sind vor dem Tier (dem „ersten Tier" von Offb. 13, 1—8, d. h. also dem letzten Weltherrscher und seinem Reich! D. V.) und sagt denen, die auf Erden wohnen, daß sie ein Bild machen sollen dem Tier, das die Wunde vom Schwert hatte und war lebendig geworden... Und es ward ihm gegeben, daß es dem Bild des Tiers den Geist gab, daß des Tieres Bild redete und machte, daß alle, welche nicht des Tieres Bild anbeteten, getötet würden" (Offb. 13, 13—15).
Offenbarung 13 hat man schon das dunkelste Kapitel der Bibel genannt, weil es das Kapitel vom Antichristen und seinem falschen Propheten ist. In diesem Zusammenhang scheint uns der Hinweis erwähnenswert, daß in diesem Kapitel fünfmal das Wort „anbeten" steht. Ein Zeichen dafür, daß der Antichrist und sein Anhang hoch religiös sein wird. Er ist kein Atheist im herkömmlichen Sinne des Worts. In der Augustnummer des Gnadauer Gemeinschaftsblattes 1948 schrieb der langjährige Vorsitzende des Gnadauer Verbandes, *Pastor D. Walter Michaelis:* „Der letzte Autokrat der Weltgeschichte wird nicht ein Atheist sein. Dann wäre er ja keine versuchliche Gefahr für die Auserwählten. Die kann er nur verführen in der Gestalt bestechlicher religiöser Tarnung. Wie, wenn diese Tarnung eine Religion ohne das Kreuz, eine Religion nur von hohen ethischen Werten wäre? Reich Gottes auf Erden ohne Golgatha! Das hat verführerische Kraft."

künsten des endzeitlichen Falschprophetismus gegenüber um die Autorität seines Wortes. Und wahrlich, diese Autorität ist gewaltig. Im späteren 35. Vers stellt er sie noch einmal heraus mit den Worten: „Himmel und Erde werden vergehen; aber meine Worte vergehen nicht!" — Wehe daher, wer an diesen Worten achtlos vorbeigehen oder sich gar an ihnen vergreifen wollte! „Ich bezeuge allen, die da hören die Worte der Weissagung in diesem Buch: So jemand dazusetzt, so wird Gott zusetzen auf ihn die Plagen, die in diesem Buch geschrieben stehen. Und so jemand davontut von den Worten des Buches dieser Weissagung, so wird Gott abtun sein Teil vom Holz des Lebens und von der heiligen Stadt, davon in diesem Buch geschrieben ist." So lesen wir den Gerichtsspruch des erhöhten Herrn in Offenbarung 22, 8 f. Ist das nicht ein wahrhaft gewaltiges Reden? Gewöhnlich jedoch werden die falschen Propheten und ihre Anhänger von solchen Worten nicht mehr getroffen. Den Grund dafür gibt Paulus in 2. Thessalonicher 2, 10 f. an: Dafür, daß sie „die Liebe zur Wahrheit nicht haben angenommen", ereilt sie das Gericht Gottes. Und worin besteht das Gericht? Darin, daß Gott selbst sie unter ihre kräftigen Irrtümer beschließt, so „daß sie der Lüge glauben".

Wie nötig ist es deshalb, daß das biblische Wort gerade in seiner prophetischen Vollmacht erkannt und immer neu ins Blickfeld des Glaubens gerückt wird. „Siehe, ich habe es euch zuvor gesagt." Sein Wort ist ein deutliches Wort. Es enthielt zu allen Zeiten genug Licht für die, die sehen und hören wollen. Es sagt aber auch ein ernstes Gericht an, denen, die sich ihm verschließen.

Das Begehren der Jünger und das Schweigen Gottes

Aber kann in solch gefährlichen Zeiten „das Wort allein" dem Jünger genügen? Müßte es nicht mehr sein? „Es werden falsche Christi und falsche Propheten aufstehen und große Zeichen und Wunder tun, daß verführt werden in den Irrtum, so es möglich wäre, auch die Auserwählten." So hatte Jesus in Vers 24 soeben gesagt. Müßte, menschlich geredet, Gott nicht gerade *jetzt* eingreifen und vor aller Welt unter Beweis stellen, daß die Wunder des Falschprophetismus aus der Hölle kommen? Müßte Gott nicht *seine* Wunder als Gegenmacht *in* der Gemeinde und *durch* die Gemeinde in der Welt sichtbar werden lassen?

Solche und ähnliche Fragen finden eine überraschende Antwort in Jesu Zukunftsrede von Lukas 17, 22 ff. Dort greift der Herr dieses eben ausgesprochene „menschlich Geredete" auf und sagt, daß in jenen Tagen die Jünger „begehren werden, zu sehen *einen* Tag des Menschensohnes". Er bestätigt also, daß der Jüngerkreis in jener schweren Weltstunde auf Gottes besonderes Eingreifen warten werde. Ein heißes Sehnen nach den einst in den Erdentagen Jesu sichtbar gewordenen Großzeichen seiner Macht — nach *einem* Tag des Menschensohnes — geht durch die Reihen der Kinder Gottes. Nur *ein* Tag besonderer Machtoffenbarung Gottes, und es würde dem Glauben leichter werden, den Machtentfaltungen der Hölle gegenüber standhaft zu sein. Und was sagt der Herr? *„Ihr werdet ihn nicht sehen!"* (V. 22 b). Jesu Jünger müssen in den Tagen der letzten Machtanziehung Satans auf Erden das Schweigen Gottes ertragen. Aber gerade auf dieses „Schweigen Gottes" wird sich der Satan stürzen. Er nützt es aus als Mittel der Versuchung. Jesus kennt diese Strategie des Feindes. Er sagt es den Jüngern voraus: „Und sie werden zu euch sagen: Siehe, hier ist Christus, oder da!"

Ist das nicht heute schon weithin die Situation der Gemeinde? Auf der einen Seite ein großes Sehnen nach besonderen Machtoffenbarungen Gottes im Stil sichtbarer Zeichen seiner Gegenwart und Wunder. Auf der anderen Seite ein großes Schweigen Gottes. Es ist heute gar leicht, mit Fingern auf uns zu zeigen und zu sagen: Bei euch, den nur ans Wort glaubenden Jüngern, ist gar dürre Zeit. Bei uns hier ist Bewegung. Was ihr so heiß begehret, ist bei uns. Merkt ihr nicht schon an der Weise, wie Gott gegen euer heißes Begehren schweigt, daß er gar nicht auf eurer Seite steht? Hier bei uns passiert, was ihr so vergeblich bei euch sucht. Hier und nicht bei euch ist der lebendige Gott am Werk! Bei uns ist nichts von einem Schweigen Gottes zu merken. Siehe, hier geschehen Zeichen und Wunder! Da ist Gott! Hier bei uns „in der Wüste", im Großraum unserer Massenversammlungen.

Siehe, hier ist er! Auch in unseren kleinen Stubenkreisen, in denen Wunder und Zeichen geschehen, ist er. Kommt, ihr ausgedörrten Seelen — denn „siehe, er ist in der Kammer!"

Ein kurzer Satz mit großen Folgerungen

Was aber sagt der Herr von solchen enthusiastischen Einladern der Endzeit? „Wenn sie zu euch sagen werden: Siehe, er ist in der Wüste (Großraum), so gehet nicht hinaus, siehe, er ist in der Kammer (Kleinkreise), so glaubt's nicht!" (V. 26). Oder wie es die entsprechende Textstelle im Lukasevangelium (Kap. 17, 23) sagt: „Jesus sprach zu seinen Jüngern: Gehet nicht hin, und folget ihnen nicht! Denn wie der Blitz oben vom Himmel blitzt und leuchtet über alles, was unter dem Himmel ist, also wird des Menschen Sohn an *seinem* Tage sein."
Was sagt uns dieser kurze Satz: *„Gehet nicht hin!"*? Vor allem eines: Nicht dort, wo man in Großkundgebungen und sonstigen Kreisen des gepflegten Enthusiasmus seelisch Bewegtes oder gar sichtbares Geschehen von Zeichen und Wundern vorzuführen vermag, legitimiert Gott die Glaubensgemeinde des Endes! In nicht seltenen Fällen mutet er ihr zu, daß sie vielmehr ohne jedes Schauwunder in wortgebundenem Glauben sich bewährt und, wo er es ordnet, das Schweigen Gottes erträgt. Man denke nur einen Augenblick an die Situation der Märtyrergemeinden in den Ostländern der Welt! Welch ein Schweigen Gottes gilt es dort zu ertragen!

Wohl dem, der die Führung seines Herrn heilig hält! Und dies auch und gerade dort, wo Gott nicht seine Wunderzeichen tut, sondern schweigt!

Gewiß — Gott *kann* Zeichen und Wunder schenken in jedem Augenblick, wo er es will. Wenn aber nach Gottes weisem Plan die Gemeinde und einzelne ihrer Glieder durch heiße Sonnenglut zu letzter Reife gebracht werden sollen, geht es nicht um Zeichen und Wunder sichtbarer Art. Dann geht es vielmehr um die glaubensvolle Vergegenwärtigung der Wahrheit Gottes in der Schrift, die sich durch den Heiligen Geist in immer neuer Weise als

Neubelebung im Herzen vollzieht. Der Herr war zu keiner Zeit ein Freund der Wundersüchtigen. Er war es auch nicht in seinen Erdentagen, als viele Wunder durch seine Hand geschahen. Nicht Wunder sollten die Seinen suchen. Mögen sie dann und wann nach Gottes weisem Rat geschehen, so sind sie Hilfszeichen, die zu neuer Bereitschaft führen, dem Worte Gottes zu gehorchen. Wer sich aber — statt vom Worte Gottes — erst von Zeichen und Wundern erschüttern lassen will, ist bereits auf dem verkehrten Wege. Er wird bewußt oder unbewußt den eigentlichen, von Gott gewollten Erschütterungen aus dem Wege gehen, die das Wort Gottes immer neu schaffen will. Wer, um über Gott zu staunen, auf Wunder wartet und sich nicht mehr durch die Offenbarung im Wort der Schrift überwältigen läßt, wird eine leichte Beute des Irrtums und der Verführungskünste Satans werden, der auch Wunder tut. Er unterdrückt das Fürchten und Sichfreuen, das dem schlichten Glauben ans Wort geschenkt wird. In diesem Falle aber können selbst echte Zeichen und Wunder dem Glauben zum Verhängnis werden. So erging es den Juden in den Erdentagen unseres Herrn. Er mußte ihnen eines Tages sagen: „Ihr suchet mich nicht darum, daß ihr Zeichen gesehen habt, sondern daß ihr von dem Brot gegessen habt und seid satt geworden. Wirket Speise, nicht die vergänglich ist, sondern die da bleibt in das ewige Leben!" (Joh. 6, 26 f.). Noch ernster liegen die Dinge am Vorabend seiner Wiederkunft. Mutet dann Gott der Gemeinde oder auch einem einzelnen seiner Kinder zu, sein Schweigen zu ertragen und läßt er zugleich der Hölle Raum, die Erde zur „Stunde der Versuchung" mit Zeichen und Wundern zu erfüllen, dann kann die Wundersucht an den Abgrund der Hölle führen. Es war noch je und je Satans besonderes Werk, die Verführung der Menschen zu falscher Lehre mit seinen Wundern zu verbinden. Gottes Gericht bleibt dann nicht aus, daß sie der Lüge glauben, „auf daß gerichtet werden alle, die der Wahrheit nicht geglaubt haben" (2.Thess. 2, 12). Jesus sagt in seinem hohepriesterlichen Gespräch mit dem Vater: „Dein Wort ist die Wahrheit" (Joh. 17, 17). Vernachlässigung der Wahrheit war die erste Sünde — war Adams Sünde im Paradies. Das sagt uns 1. Mose 3. Satan fragt die Menschen: „Sollte Gott gesagt haben?", um sofort nachher die Lüge anzubringen: „Ihr werdet mitnichten des Todes sterben!" Der Mensch vernachlässigt die Wahrheit und verfällt der Lüge. Mit dieser Sünde der Sünden gewinnt noch heute die Hölle ihre Schlachten um den Menschen und um seine Geschichte.

Wo immer wir die Parusiereden Jesu aufschlagen, immer ist das seelsorgerliche Führungsthema die Gefährdung des endzeitlichen Menschen durch Lehrer und Lehren der Finsternis. Daß Satan dabei der Welt ein „weltlicher" Satan und den Frommen ein „frommer" Satan ist, hat schon Luther gesagt. Die Schrift lehrt es mit großem Nachdruck, und die Erfahrung bestätigt es tausendfach.

Es gibt gefährliche Stunden. Da fühlt auch der gotterfüllte Mensch die Anfechtung des Glaubens und seine Ermüdung. Laßt uns dann, unter Gottes Wort und Gebet, offen sein für die Neubelebung der Wahrheit durch den Heiligen Geist in unseren Herzen und „beharren bis ans Ende"! In einem seiner schriftgetränkten Lieder betet Tersteegen: „Laß deines Wortes Kräfte mich täglich mehr erfreun! Laß es mein Hauptgeschäfte zu allen Zeiten sein, dein Wort zu wiederholen, so wird's aufs Neue süß, sowohl was Gott befohlen, als was er mir verhieß!"

Falsche Lehre führt zum Gericht. Sie baut sich im Denken der Menschen auf und wendet die Gedanken unweigerlich vom wahren Glauben und vom Gehorsam Christi ab. Wo es stattdessen nach Gottes Willen zu einer steten Neubelebung der Wahrheit in unseren Herzen kommt, da sind wir gewappnet auf seinen Tag. Da läßt sich's auch unter dem Schweigen Gottes getrost sein. Es kommt dann nicht darauf an, ob Gott uns seine Wunderzeichen schauen läßt, sondern daß wir hart an seinem Wort bleiben und glaubensvoll seiner Zukunft entgegenharren. „Denn gleichwie der Blitz ausgeht vom Aufgang und scheint bis zum Niedergang, also wird auch sein die Zukunft des Menschensohnes. Wo aber ein Aas ist, da sammeln sich die Adler" (V. 27 f.)

Schon kreisen die Gerichtsgeier (Adler) über dem Verwesungsgeruch der zu letzter Reife eilenden Welt. Unser Herr kommt! Und er wird in der Nacht kommen. Darum brauchen wir weder das Licht zu scheuen noch die Nacht zu fürchten. Er kommt als Sieger über die Nacht. Im Horizont leuchtet der Tag.

Dritte Endperiode: Das Zeichen des Menschensohnes

Allgemeines zur dritten Endperiode

Wer sich mit dem ersten Abschnitt der Ölbergrede Jesu (Matth. 24, 4—14) befaßt, hat das Bild der geschichtlichen Anlaufzeit der Wiederkunft Christi vor sich. Diese Periode ist gekennzeichnet durch die apokalyptischen Reiter der Offenbarung Johannes (Kap. 6, 1—8). Mit dem ersten Reiter bricht ein weltumfassendes Antichristentum auf. Ihm folgen Weltkriege, Weltrevolutionen mit all ihren Schrecken und Katastrophen. Es ist die erste Periode der Endzeit, in deren Gefolge es zum großen Abfall kommt — zum weltweit organisierten Abfall von Gott und seiner Offenbarung in Jesus Christus.

Die meisten Ausleger der Prophetie sehen den geschichtlichen Anfang dieser Periode, wie wir bereits sagten, im Aufbruch der Französischen Revolution (1789—94). Dort wurde erstmals ein ganzes Volk vom Antichristentum der Erde ergriffen. Das romanische Frankreich, das Brudervolk Roms, ist im Geist der Französischen Revolution zur weltanschaulichen Sendungsmacht über das Abendland geworden. Es ist der Geist des Antichristentums, der Geist der Autonomie, d. h. der Selbstherrlichkeit des Menschen ohne Gott. Er hat vom Abendland aus dann auch rasch auf die anderen Völker der Welt übergegriffen und sie weltanschaulich infiziert und geführt. Die für das Ende geweissagte *Ausreife menschlicher Gottlosigkeit* ließ von jenen Tagen an nicht mehr lange auf sich warten. Das antichristliche Gottlosentum hat unterdessen sein Haupt in allen Ländern der Erde erhoben — im säkularisierten (verweltlichten) Christentum genau so wie in den Bereichen der außerchristlichen Weltreligionen, vor allem im islamischen Antichristentum, im Buddhismus und im umfassenden Atheismus der Völker.

Wenn die Entwicklung in dieser Richtung weitergeht (und wer will daran zweifeln!), führt sie geradlinig in die vom Sohne

Gottes vorausgesagte zweite Periode der Endzeit — in die „Große Trübsal". Diese wird, wie oben ausgeführt, im Zeichen der *Vollreife menschlicher Rat-, Trost- und Hilflosigkeit* stehen und zwangsläufig in die Herrschaft des Antichristen führen. Gottes Antwort auf die Gottlosigkeit der ersten Periode sind die Zorngerichte der zweiten Periode. Die „Große Trübsal" umfaßt nach der hierin besonders ausführlichen Chronologie der Bibel sieben Jahre. Diese sind von der Machtergreifung des Antichristen an zu rechnen bis zu seiner Vernichtung im Zeichen der dritten Periode — im Zeichen des Menschensohnes. „Das Zeichen des Menschensohnes", so nennt der Herr selbst in Matthäus 24, 30 seine Wiederkunft und sagt: „Alsdann wird erscheinen das Zeichen des Menschensohnes am Himmel."

Das nächste, entscheidende Ereignis im Weltgeschehen

Würde man die diplomatischen Kabinette der Welt fragen, was wohl das nächste, entscheidende Ereignis im Weltgeschehen sei, dann bekäme man vermutlich alles andere zu hören, als das Ereignis der Wiederkunft Christi.

Vor nicht allzulanger Zeit setzte man alle Karten der weltgeschichtlichen Zukunft auf „das Treffen der großen Vier". Man verstand darunter die Übereinkunft der damaligen Präsidenten der vier Großmächte: Amerika, Rußland, England und Frankreich. Von ihrem Zusammenkommen erhoffte man die Lösung der Weltprobleme. Niemand spricht heute mehr vom Treffen der Großen Vier.

Eine derzeitige Volksumfrage würde wahrscheinlich bei der Frage nach dem nächsten, entscheidenden Weltereignis die allgemeine Befürchtung der Gefahr einer Ausbreitung der schwelenden Brandstellen im Völkerraum ergeben. Wir leben in einer kriegsbedrohten Welt, und die Sorge, daß das nächste, entscheidende Weltereignis ein dritter Weltkrieg mit seinen entsetzlichen Folgen atomarer Zerstörung und dem Strahlentod von Millionen Menschen sein könnte, ist nicht gering. Andere, die am prophetischen Wort der biblischen Geschichtsbotschaft orientiert sind, schauen mit Spannung auf die Entwicklung im derzeitigen Geschehen des Judentums und auf die entsprechenden Anzeichen der Endzeit im europäischen Völkerraum. Von beidem war in unserer bisherigen Betrachtung immer wieder die Rede. Wird als Zielpunkt dieser Entwicklung bald der Antichrist in Erscheinung treten und die vorausverkündigte, letzte Leidenszeit der Menschheit beginnen? Von all diesen Erwartungen wäre zu sagen, daß sie vom Standpunkt des prophetischen Wortes aus ihre Berechtigung haben und daß sie zu einem Teil heute schon bedeutende Endereignisse sind, teils im kommenden Weltgeschehen sein werden. Aber all diese Erscheinungen sind nichts als die geweissagten Markierungen auf dem Wege zum Letzten. Sie sind nie das Letzte selber, sondern immer nur ein *Vorletztes*. Das nächste, wahrhaft entscheidende Ereignis im Weltgeschehen ist nur eines — die Wiederkunft unseres Herrn. Wer das geschichtlich-prophetische Wort der Schrift als das nimmt, was es ist, als den tragenden Grundpfeiler der Geschichte überhaupt, kann nicht daran zweifeln: Hier ist das Einmalige der Zukunft gesagt — das allein Schicksalhafte der ganzen Welt. Hören wir aus dem Munde des Sohnes Gottes die größte Geschichtsaussage, die je in dieser Welt gemacht worden ist:

„Bald aber nach der Trübsal derselben Zeit werden Sonne und Mond den Schein verlieren, und die Sterne werden vom Himmel fallen, und die Kräfte des Himmels werden sich bewegen. Und alsdann wird erscheinen das Zeichen des Menschensohnes am Himmel. Und alsdann werden heulen alle Geschlechter auf Erden und werden sehen kommen des Menschen Sohn in den Wolken des Himmels mit großer Kraft und Herrlichkeit" (Matth. 24, 29. 30).

Jedes andere Ereignis sowohl der Geschichte als auch unseres persönlichen Lebens, ob christlich oder antichristlich, führt hin zu diesem gottgesetzten Ziel der Geschichte. Auf Grund der Prophetie und der heute schon sichtbaren Erfüllung ist mit Sicherheit zu sagen, daß, wenn dieses Ereignis den Erdball erschüttert, das Erwachen der Welt entsetzlich sein wird. Denn das Kommen Jesu geschieht ja in eine Weltzeit hinein, die mit allem anderen, nur nicht mit ihm gerechnet hatte. Am wenigsten damit, daß von ihm alles, aber auch wirklich alles abhängt. Nach Lukas

18, 7 f. werden zwar dann die Auserwählten „in einer Kürze errettet werden". Diese Auserwählten aber werden am Ende des Zeitalters eine zahlenmäßig erschütternde Minderheit ausmachen. Weitaus der größte Teil der Menschen wird dem Antichristen folgen. Jesus weissagt dort, daß er bei seiner Wiederkunft nur wenig Glauben finden werde auf Erden. Und doch ist nichts in der Zukunft gewisser, als daß er kommt. Der D-Zug der Geschichte donnert bereits über die zum Letzten hin gestellten Weichen. Ob wir an Israel denken, an die Völkerwelt, oder den Blick in den bedrohten Glaubensraum der Gemeinde richten — überall ist der endgeschichtlichen Entwicklung der Dinge „grünes Licht" gegeben. Die Geschichte durchfährt die Ereignisse der Zeit, wie der Schnellzug die Vororte einer großen Stadt, zu der er eilt.

Worin besteht das Entscheidende im Ereignis der Wiederkunft Christi?

Nicht nur die Bibel, auch unser eigenes Herz sagt uns, daß das Kommen des Herrn etwas Großes, Entscheidendes ist. Das kosmische Ereignis der Wiederkunft Christi ist nicht zu vergleichen mit irgendeinem Geschehen der seitherigen Weltgeschichte. Auch der Gottloseste spürt ein geheimes Zittern beim Gedanken an die Wiederkunft Christi, und wäre es nur im hintersten Winkel seines Herzens. Paul Gerhardt faßt das Eigentliche am Ereignis der Wiederkunft zusammen in den Worten: „Er kommt zum Weltgerichte, zum Fluch dem, der ihm flucht, mit Gnad und süßem Lichte dem, der ihn liebt und sucht."

Wir werden es einmal mit Augen sehen, daß am Tag Christi, am „Jüngsten Tag", auch der Mutigste erschrickt.

Das Entscheidende liegt im Gericht — in der Krisis, wie das griechische Wort dafür lautet. Es wird eine Krisis der jüdischen Geschichte werden, die Krisis der Völker und auch eine Krisis der Reichsgottesgeschichte. Die Krisis der ganzen Welt.

Die Väter des Glaubens, die im vierten Jahrhundert den Inhalt der Heiligen Schrift in die Kürze des apostolischen Glaubensbekenntnisses zu bringen versuchten, haben mit diesem nicht alles gesagt, was die Schrift bezeugt. Wie sollten sie das auch bei der notwendigen Beschränkung, die gedrängte Bekenntnisse immer haben müssen! Die Väter haben daher auch längst nicht alles sagen können, was die Heilige Schrift von der Zukunft unseres Herrn verkündigt. Aber es standen hohe Einsichten in das Wesentliche der Hoffnungslehre hinter jenen uns vertrauten Worten: „... von dannen er kommen wird, zu *richten* die Lebendigen und die Toten." Die Krisis der Säuberung der Welt vom Bösen — das Gericht — hat sie bewegt.

Alles, was Jesus bis einschließlich Matthäus 25 im Zusammenhang mit seiner Wiederkunft noch sagt, trägt dieses Merkmal der Krisis. Und dies in einem dreifachen Sinn: Jesus spricht erstens von der *Sammlung* der Auserwählten. Zweitens von einem bestimmten geschichtlichen *Überraschungsgeheimnis* und schließlich vom Grundzeichen der dritten Endzeitperiode überhaupt, von der großen *Scheidung*.

Dieses Dreifache haben wir noch zu besprechen: die große Sammlung, die große Überraschung und die große Scheidung.

Im Zeichen der Sammlung

„Und er wird senden seine Engel mit hellen Posaunen, und sie werden sammeln seine Auserwählten von den vier Winden, von einem Ende des Himmels zu dem andern" (Matth. 24, 31).

Auch hier soll nicht übersehen werden, was bei einer ausführlicheren Besprechung der zweiten Endzeitperiode — der Großen Trübsal — bereits durch den Abschnitt Kapitel 24, 15—28 deutlich wurde: Der Reichsgottesraum des Endes bezieht sich nicht nur auf die Gemeinde aus den Heiden (Nationen). Auch die Auserwählten *Israels* treten ins Blickfeld der Endgeschichte. Und dies sogar in erstrangigem Sinn. Gerade sie werden ja, nach der Gesamtprophetie, am Ende der Tage wieder gesammelt. Auch bei der Aussage von den Posaunen Gottes, mit denen der Herr seine Auserwählten versammelt (V. 31), liegt es nahe, in erster Linie an die Auserwählten in Israel zu denken. Die Zukunftsfragen der Jünger gehen von Jerusalem aus (V. 3) und Jesu Antwort geht auf Jerusalem zurück. Israel war in der Großen Trübsal durch die Gerichtsposaunen hindurchgeführt worden. Jetzt ertönt die große „Halljahrsposaune", die das „Jubeljahr der Freiheit" über Israels Überrest ausrufen wird (vergleiche 3. Mose 25, 8—13!). Jesus spricht denn auch in den folgenden Versen 32—34 eindeutig von Israel. Ob der Herr hierbei sein Gleichnis vom Feigenbaum gebraucht, der ausschlägt und mit seinem Ausschlagen den herannahenden Sommer verkündet oder vom „Geschlecht", das auf die Erfüllung der letzten Dinge hin „nicht vergehen wird, bis daß es alles geschehe" — immer haben wir es mit Hinweisen auf das jüdische Volk zu tun. Auch hier, wie bei früheren Stellen, gibt uns nichts das Recht, die Buchstäblichkeit des Gemeinten umzudeuten.

„An dem Feigenbaum lernet ein Gleichnis. Wenn sein Zweig jetzt saftig wird und Blätter gewinnt, so wißt ihr, daß der Sommer nahe ist. Also auch wenn ihr das alles sehet, so wisset, daß es nahe vor der Tür ist. Wahrlich, ich sage euch: Dies Geschlecht wird nicht vergehen, bis daß dieses alles geschehe" (V. 32—34).

Verschiedene Stellen des Alten und Neuen Testamentes bezeichnen Israel als den Feigenbaum Gottes. Man lese Hosea 9, 10; Joel 1, 7; Lukas 13, 6 ff.! Das „Geschlecht", das nicht vergeht, bis daß dies alles geschehe, könnte zwar sprachlich auch mit „Generation" wiedergegeben werden. Beides kann das griechische Wort „geneá" bedeuten: „Geschlecht" im Sinne von Rasse und „Generation" im Sinne von Menschenalter. Natürlich muß die Übersetzung „Generation" sofort ausscheiden, wenn man an die damalige Zeit d. h. an die apostolische Generation denken will. Sie ist vergangen, ohne daß „dies alles geschehen" wäre. Was aber nicht verging, ist das „Geschlecht" der Juden, die Rasse. Dennoch widerspricht es u. E. der herkömmlichen Auffassung nicht, wenn man das Wort geneá auch als „Generation" verstehen will, „die nicht vergeht, bis daß es alles geschieht". Wir müssen dazu nur das Grundsätzliche der Ölbergrede Jesu im Auge behalten, nämlich daß — wie wir wissen — sie Antwort auf zwei Fragen der Jünger gibt. Die erste Frage bezog sich ja auf die Zerstörung des Tempels im Jahre 70. Die zweite Frage geht in die Endzeit: „Welches wird das Zeichen sein deiner Wiederkunft und des Endes der Welt (Zeitalter)." Jesus antwortet auf beide Fragen mit denselben Worten. Er spricht die Generation des Jahres 70 (Zerstörung des Tempels durch Titus) an und mit denselben Worten die Wiederkunftsgeneration. Darum kann auch der Übersetzung „Generation" unbedenklich zugestimmt werden. Man muß dann lediglich die jüdische *Endzeitgeneration* vor Augen haben, die das Ausschlagen des Feigenbaumes sieht und damit erlebt, daß Jerusalem aufhört von „den Heiden zertreten zu werden" (Luk. 21, 14).

Auf einer internationalen Konferenz über das prophetische Wort, die im Jahre 1971 in Jerusalem durchgeführt wurde, sprach u. a. der in Amerika weit bekannte Dozent *Dr. John Ockenga-Wenham*. Er gibt der Übersetzung „geneá = Generation" den Vorzug und zählt diese „Generation", die nicht vergeht, „bis daß es alles geschehe", vom Jahre 1967 an, als das ungeteilte Jerusalem unter jüdische Verwaltung kam, um von da ab — so Dr. Ockenga — „nicht mehr von den Heiden zertreten" zu werden. Er äußerte dazu die persönliche Meinung, daß es nunmehr „keine 25 Jahre mehr gehen müsse", bis dies alles geschehe, d. h. bis zur Wiederkunft Jesu in großer Kraft und Herrlichkeit. Ein anderer Theologieprofessor und Sprecher der Konferenz, Dr. *Charles Feinberg*, stimmte der Überzeugung von Dr. Ockenga zu und meinte, daß dies die einzige Lösung sei, sich aus der Schwierigkeit der Auslegung dieses Verses herauszuhalten.

Wie schon angedeutet, sind wir selbst der Überzeugung, daß die mit dieser Auffassung verbundene Übersetzung „geneá = Generation" der herkömmlichen Übersetzung „geneá = Geschlecht" und der damit verbundenen Auslegung nicht widersprechen muß. Vielmehr ergänzen sich beide Auffassungen. In beiden erfüllt sich die Weissagung von Vers 34 — sowohl im Überleben der jüdischen Rasse als „Geschlecht" als im Erleben des Letzten, das von einem gewissen Zeitpunkt an (Ockenga = 1967) sich in eine „Generation" — in ein Menschenalter zusammendrängen wird.

Die Konsequenzen beider Auslegungen sind dieselben. Und sie sind ungeheuer. Das Wort Jesu: Siehe, ich komme bald! bekommt hier seine höchste Aktualität.

Man sollte es daher bei der Betrachtung dieser Worte in der Tiefe hören, daß Jesus gerade im Zusammenhang dieser Weissagung sagt:

> „Himmel und Erde werden vergehen; aber meine Worte werden nicht vergehen" (V. 35).

Obschon wir, was die geschichtliche Erfüllung des Letzten anbetrifft, gewiß erst im Vorraum der Dinge oder „am Anfang der Wehen" leben und „das Ende noch nicht da" ist (Kap. 24, 6 u. 8), können wir die Erfüllung gerade *dieses* Zeichens heute schon mit Händen greifen. Wir dürfen gewiß sein, daß die Ereignisse der Großen Trübsal, die sich nach der Verheißung an Israel im Lande der Väter vollziehen sollen, Israel auch wirklich zu einem großen Teil in seinem Lande finden werden. Vor 100 Jahren noch konnte dies nur im Glauben ausgesprochen werden. Heute aber hat das große Sammeln bereits begonnen. Und es geht weiter, trotz aller Ungesichertheit des Landbesitzes und mancher Rückstoßmöglichkeit im Einwanderungsprozeß. Es geht weiter bis es mit den großen Posaunenstößen der Wiederkunft des Herrn (V. 31) seine Vollerfüllung erfahren wird. Paulus schreibt im Römerbrief (Kap. 11, 26), daß bei der Wiederkunft des Heilandes „ganz Israel (Israel als Ganzes) selig werde, wie geschrieben steht: ‚Es wird kommen aus Zion der da erlöse und abwende das gottlose Wesen von Jakob. Und dies ist mein Testament mit ihnen, wenn ich ihre Sünden werde wegnehmen.'" Schon hieraus ergibt sich, daß die Zahl der jetzt in Palästina angesiedelten Juden noch beträchtlich zunehmen wird. Nach Sacharja 13, 8 u. 9 wird zwar die kommende zweite Periode der Endzeit die Reihen des Volkes noch einmal schmerzlich lichten. Was aber die schweren Dezimierungen der Großen Trübsal überlebt, wird durch die „Posaunen Gottes" aus allen vier Winden der Erde gerufen werden zu letzter Sammlung und neuer Gnade des göttlichen Berufers. Die geographische Erweiterung des palästinensischen Raumes in die geweissagten Grenzen vom Nil bis zum Euphrat (1. Mose 15, 18 ff.) wird beim Eintritt in das kommende Friedensreich Christi keine Probleme mehr kennen. Israel ist dann in sein Erbland versammelt. Die geweissagte Wiedergeburt des geretteten Überrestes wird zu einem beispiellosen Wandel der Gesinnung führen. Vor allem muß bei diesen ausgedehnten Grenzen wohl an die göttliche Einheit zwischen den arabischen Völkern Ismaels mit Israel erinnert werden, wie wir sie bei einer früheren Gelegenheit besprochen haben. Sie ist in Jesaja 19, 19—25 vorhergesagt.

Der Geist des Herrn wird Israel ergreifen (Hes. 37, 1—14) und sie zur priesterlichen Nation erheben. Nun werden die Völker, fern von aller politischen Mißwirtschaft vergangener Geschichtszeiten, zu wahrem Wohlstand und echtem Frieden geführt. „Denn von Zion wird das Gesetz ausgehen und des Herrn Wort von Jerusalem. Und er wird richten unter den Nationen und strafen viele Völker. Da werden sie ihre Schwerter zu Pflugscharen und ihre Spieße zu Sicheln machen. Denn es wird kein Volk wider das andere ein Schwert aufheben, und werden hinfort nicht mehr kriegen lernen" (Jes. 2, 3 u. 4).

Im Zeichen der Überraschung

„Von dem Tage aber und von der Stunde weiß niemand, auch die Engel nicht im Himmel, sondern allein mein Vater" (Matth. 24, 36).

Mit diesen Worten spricht der Herr von Tag und Stunde seiner Wiederkunft. Tag und Stunde sind nur dem Vater bekannt. Darum besaß auch die Gemeinde zu keiner Zeit eine „Tagesdeutung". Alle angegebenen Vorzeichen können nur „Zeitdeutung" sein. Berechnungen anderer Art mußten daher stets zu Fehldeutungen werden. Sie setzten sich, wenn auch nicht mit schlechter Absicht, über das Wort des Herrn hinweg. Auch fernerhin wird jede Errechnung eines Kalendertages zum Irrtum werden. Wir haben nur Signalzeichen, die das „Bald" ankündigen. Das prophetische Wort bietet eine wundervolle Architektur des Kommenden, aber keinen „Fahrplan". Und wieder ist es dabei vor allem das „Zeichen Israel", das Volk, das trotz seiner blut- und tränenreichen Geschichte nicht untergeht. An ihm soll nach Jesu Worten das Wachstum der Geschichte zum Ende hin deutlich werden. Mit dem Gleichnis vom Feigenbaum zeigt er es an und sagt: „Wenn seine Zweige jetzt saftig werden und er Blätter gewinnt, so wißt ihr, daß der Sommer nahe ist" (V. 32). Wie das Jahr vom Winter her zum Sommer wächst, so wächst die Geschichte, zum reifenden Endbild der Weltzeit hin, „bis daß es nahe vor der Tür ist" (V. 33). Hinter ihr aber harrt der wiederkommende Herr der Welt auf den vom Vater bestimmten Augenblick. Er kommt gewiß.

Aber er kommt zu einer Stunde und an einem Tag, der von niemandem auf Erden errechnet werden kann. Es wird ein Tag großer Überraschung sein. Selbst den Glaubenden wird es gesagt, „daß des Menschen Sohn zu einer Stunde kommen wird, da ihr's nicht meinet" (V. 44).

„Es wird ein Tag sein, wie er immer war ...
Die Sonne steht am Himmel hell und klar,

die Winde raunen, und die Quellen springen,
in bunten Gärten frohe Vögel singen.
Die Kinder spielen ihre lieben Spiele.
Und stille Dome, lautes Weltgewühle,
Maschinendonnern, heißer Hände Hämmern,
einsamer Wälder träumendes Verdämmern.
Gebete, Flüche, Liebe, Lust und Tränen;
und stumpfe Sattheit und verzücktes Sehnen ...
Und plötzlich wuchtet in die laute Zeit
der Tubaton aus Gottes Ewigkeit.
Und leuchtend steht am dunklen Horizont
Christus, der Herr, von Flammen übersonnt.

Fritz Woike, dem wir diese trefflichen Zeilen verdanken, läßt gerade das *Überraschungsmoment* der Wiederkunft Christi eindrucksvoll werden, wenn er in schriftgebundener Echtheit von einem „Hineinwuchten" des flammenden Christusbildes in den vielschichtigen Ablauf eines Erdentages, in das schillernd Vielseitige und doch so Ermüdende des Gewohnten spricht. Wir meinen, Fritz Woikes Verse hören sich wie eine dichterische Ausschmückung der nachfolgenden Verse unseres Kapitels an, in denen der Herr sagt:

> „Aber gleichwie es zu der Zeit Noahs war, also wird auch sein die Zukunft des Menschensohnes. Denn gleichwie sie waren in den Tagen vor der Sintflut: sie aßen, sie tranken, sie freiten und ließen sich freien bis an den Tag, da Noah zu der Arche einging, und sie achteten's nicht, bis die Sintflut kam und nahm sie alle dahin, also wird auch sein die Zukunft des Menschensohnes. Dann werden zwei auf dem Felde sein; *einer* wird angenommen, und der andere wird verlassen werden. Zwei werden mahlen auf der Mühle; *eine* wird angenommen, und die andere wird verlassen werden" (V. 37—41).

Hier haben wir das Zeitbild des verdiesseitigten Lebens vor uns, in das hinein das Überraschungsgeheimnis geschieht, von dem später Paulus in den Weissagungen über die Entrückung sprechen darf. Die bekanntesten davon sind 1. Thessalonicher 4, 13—18 und 1. Kor. 15, 50 ff. Warum wir in den obigen Worten Jesu unbedenklich den Vorgang der Entrückung glauben sehen zu können, soll weiter unten ausgeführt werden. Achten wir im folgenden noch einmal auf das Zeitbild, in das hinein die Entrückung im engeren und die Wiederkunft des Herrn im weiteren Sinn geschieht.

Der verdiesseitigte Lebensstil

Das falsche Prophetentum hat ganze Arbeit getan auf Erden. Kein Wunder, daß der Herr seine Gefährlichkeit unter allen anderen Wegmarken der Endzeit am häufigsten nennt. Mancher Falschprophetismus hat zwar der Menschheit auch zu ihrem Fortschritt verholfen. Aber der Fortschritt ist nicht eitel Segen. Das vielschichtige Leben, wie es oben Fritz Woike in dichterischer Gestaltung geschildert hat, wird in völliger Absehung von Gott und seinem Wort gelebt. Es wiederholt sich die Zeitgeschichte, wie sie den Tagen der Sintflut voranging, in globalem Umfang. Die Menschen jener Tage „aßen, sie tranken, sie freiten und ließen sich freien bis an den Tag, da Noah zu der Arche einging; *und sie achteten's nicht,* bis die Sintflut kam...". Nach dem Lukasevangelium fügt der Herr dem Zeitbild der Sintflut ein zweites Zeitbild aus der Frühgeschichte der Menschheit an und sagt: „Desgleichen, wie es geschah zu den Zeiten Lots: sie aßen, sie tranken, sie kauften, sie verkauften, sie pflanzten, sie bauten" (Luk. 17, 28).

Nicht *so* haben wir Jesu Worte zu verstehen, als ob essen und trinken, freien und sich freien lassen, kaufen und verkaufen, pflanzen und bauen und alles, was auch sonst noch an Naturordnungen ausgelebt wird, verwerflich wäre. Durchaus nicht. Auch redlich erworbener Wohlstand und sein Genuß braucht nicht Sünde zu sein. Geprägte Glaubensgestalten des Alten Bundes, wie Hiob oder die Erzväter, David, Salomo und andere von Gott berufene Menschen der Offenbarungsgeschichte, waren zum Teil unter der segnenden Hand Gottes zu begüterten Menschen geworden. Besitz ist zwar oft mehr Last als Lust. Das mußten sie auch erfahren. Reichtum kann auch rasch zum Abgott werden. Doch muß er es nicht. Auch ein gläubiger Mensch braucht, wenn er auf rechtmäßige Weise zu Gut und Wohlhabenheit gelangt ist, darin keinen Grund zu unvermeidlichem Rückgang des inneren Lebens zu sehen oder gar zu ewigem Verderben. Gott gönnt seinen Geschöpfen viel Gutes. Den Heiden zu Lystra sagte Paulus: „Gott hat sich selbst nicht unbezeugt gelassen, hat uns viel Gutes getan und vom Himmel Regen und fruchtbare Zeiten gegeben, *unsere Herzen erfüllt mit Speise und Freude*" (Apg. 14, 17). Den Reichen in der Gemeinde soll Timotheus nach den Worten desselben Apostels nicht etwa gebieten, ihren Reichtum unter die Armen zu verteilen. Was sollte aus einem Unternehmer werden, wenn er nicht in angemessener Weise Betriebskapital horten dürfte? Den Reichen in der Gemeinde soll nur gesagt werden: „daß sie nicht stolz seien, auch nicht hoffen auf den ungewissen Reichtum, sondern auf den lebendigen Gott, *der uns dargibt reichlich allerlei zu genießen;* daß sie Gutes tun, reich werden an guten Werken, gerne geben, behilflich seien..." (1. Tim. 6, 17—19). Die Wohlhabenden sollen mithin nicht maßlos sein im Genießen ihrer Güter, sondern auch an die anderen denken. Nicht alle sind reich. Der Lebenszuschnitt, den Gott den einzelnen seiner Kinder gibt, wird immer Geheimnis bleiben. Sollen nun aber die Reichen nicht maßlos sein im Genießen, so sollen andererseits die weniger Begüterten auch nicht maßlos sein im Begehren. Wie oft durften gerade gläubige Menschen aus einfachem Stand und in Zeiten besonderen Mangels erfahren, daß Gott ihre Bitte ums tägliche Brot mehr als erhört hat. Er schenkte unverhofft rührende Beigaben zum täglichen Brot und erquickt immer neu mit manchen kleinen Freuden seine Menschenkinder. Er versteht es, diese Erquickungen einmal durch Menschenhände und ein andermal auch ohne sie an den Wegrand des Lebens zu legen. Aber nur „kleine Freuden" sind es — nicht mehr. Die „große Freude" liegt in der unaussprechlichen Gabe des Sohnes (2. Kor. 9, 15). Für die Menschen in den Tagen der Sintflut wäre die „große Freude" im Glaubenszeugnis des Noah gelegen, im Bau der Arche als der einzigen Rettung aus dem angekündigten Flutgericht. Durch beide Zeitepochen drang die Botschaft von der großen Freude, daß Gott den Verlorenen Rettung sendet! „Siehe, ich verkündige euch große Freude!" — Aber, was taten Noahs Zeitgenossen und was taten die Zeitgenossen Lots in Sodom? *„Sie* *achteten's nicht!"*, sagt Jesus, „bis die Sinflut kam und nahm sie alle dahin." „An dem Tage aber, da Lot aus Sodom ging, da regnete es Feuer und Schwefel vom Himmel und brachte sie alle um. Auf diese Weise wird's auch gehen an dem Tage, wenn des Menschen Sohn soll offenbart werden" (Luk. 17, 29 f.). Ob wir es fassen oder nicht — immer dann ist das Signal auf Gericht gestellt, wenn die „kleinen Freuden" der Schöpfungsgaben vom Schöpfer gelöst werden und der Mensch die „große Freude" vom Heil Gottes durch die kleinen Freuden ersetzen und verdrängen will. Dann ist gewöhnlich der Schritt vom Gebrauch der Gaben Gottes bis zu ihrem Mißbrauch in Sünde und Schande nicht mehr allzugroß und die kleinen Freuden werden zu „gefährlichen Freuden". Wie mag die Lebensparole der damaligen Propheten gelautet haben? Was wir von ihnen wissen, genügt, um uns an die Parolen der heutigen Weltpropheten und ihrer Kinder zu erinnern. Sie sagen es laut und leise in brutalem Widerspruch zu Gottes Wort oder auch in philosophisch kluger Abwertung der Wahrheit: „Macht euch das Leben hier recht schön, kein Jenseits gibt's, kein Wiedersehn!" Wenn dann solche Slogans (Schlagworte der Werbung) lang und oft genug verkündigt werden, bleibt der Erfolg nicht aus. Die falschen Propheten der Tage Noahs waren erfolgreich im Dienste des Antigottes und seiner „Heilsverkündigung". „Also wird auch sein die Zukunft des Menschensohnes", sagt unser Herr.

Wir sahen es schon bei früheren Erörterungen dieses Punktes: Der Falschprophetismus ist darum so gefährlich, weil auch *er* will, was Gott will und was Gott durch seine Propheten verkündigen läßt, nämlich die Wandlung der Welt. Sie soll aber nicht auf biblischem Weg durch den Heiland Gottes geschehen, sondern so, wie Menschen träumen und dämonisch inspirierte Verführungslehrer es darzustellen belieben. Sie sagen: „Wir schaffen die Wandlung der Welt mit unseren eigenen innerweltlichen Kräften ohne den Gott der biblischen Offenbarung! Hört nicht auf die veralteten Lehrsätze des Evangeliums! Stürzt euch lieber in den modernen Lebensstil!" — Wir dürfen es dem Sohne Gottes abnehmen: das ist der letzte Erfolg endzeitlicher Falschprophetie — der verdiesseitigte Lebensstil. „Hier sitze ich und forme Menschen nach meinem Bilde, die nichts nach dir fragen, gleichwie ich." So hat einer der neuzeitlichen Weltpropheten seinen „Prometheus" sagen lassen. Und die Menge klatschte ihm Beifall. Der verdiesseitigte Lebensstil hat das Heil Gottes verdrängt und ersetzt. Die mit den zwei Urtrieben der Menschheit, Hunger und Liebe, verbundenen Gottesordnungen, essen und trinken, freien und sich freien lassen, werden aus ihrer Gottbestimmung herausgeholt. Entweder werden sie in Fressen, Saufen und Unzucht verwandelt, oder man geht auf in essen und trinken, in freien und sich freien lassen, je nachdem auch ohne Ehe! *„Und sie achteten's nicht."* Warum aber mag der Herr dieses Schattenbild der endzeitlichen Nacht gerade an *dieser* Stelle eingeschaltet haben — dort, wo er von der Entrückung der Seinen spricht?

Wir meinen, dies könne vor allem den *einen* Sinn haben, den Seinen zu sagen: Vor *diesem* Geist laßt euch bewahren! Der verdiesseitigte Lebensstil steckt an. Ihr aber dürft euch von ihm nicht bestimmen lassen! Denn wie Noah durch die Arche und wie Lot durch die Flucht aus Sodom, so sollt ihr durch die Entrückung abgeholt werden aus dem Nachtbild einer verdiesseitigten Welt. Die Welt wird den Stellenwert zwischen den kleinen Freuden der irdischen Gottesgaben und der großen Freude des Heils und seiner rettenden Gnade in Jesus Christus in immer härterer Entschlossenheit zu versetzen suchen. Ihr aber nicht also! Es soll keiner von euch zurückbleiben in jenem Augenblick, da „zwei auf dem Felde sind; *einer* wird angenommen, und der andere wird verlassen werden." Es können also Männer an jenem Tage zurückgelassen werden — aber auch Frauen. Denn „zwei werden auf der Mühle mahlen (wie es Beduinenfrauen im Morgenland heute noch frühmorgens tun); *eine* wird angenommen, und die andere wird verlassen werden."

Die Entrückung als geschichtliches Überraschungsgeheimnis

Erst so spät hinter dem Ereignis der Wiederkunft soll hier der Herr von der Entrückung der Gemeinde reden? So könnte man fragen. Wird die Entrückung nicht zeitlich doch früher liegen als hinter den Versen 29—31? Müßte denn, wenn jetzt erst mit der Entrückung zu rechnen wäre, der Gedanke der Überraschung nicht aufgegeben und zumindest das Kommen des Antichristen abgewartet werden, ehe die Entrückung sein kann?

Alle diese Fragen werden dann gegenstandslos, wenn wir die eingangs besprochenen Grundmerkmale der großen Parusierede Jesu vor uns haben. Wir sagten dort, daß, soweit es sich in diesen Reden um endgeschichtliche Belehrungen über den Vorabend der Wiederkunft Christi handelt, der Nachdruck offenkundig nicht darauf ruhe, in jedem Fall die exakte Reihenfolge im geschichtlichen Ablauf der letzten Dinge einzuhalten. Statt die einzelnen Akte des Endgeschehens zu schildern und die exakte Reihenfolge im Ablauf der Dinge einzuhalten, *durchleuchtet der Sohn Gottes vielmehr das Wesen des Ablaufs*. Es wird deutlich gemacht, daß der Glaube in der Endzeit nicht so sehr auf das geschichtliche Nacheinander der Geschehnisse zu achten hat, sondern auf das Wesen der Dinge, auf die bewegenden Kräfte, die hinter dem Geschehen stehen und vom Glauben — seiner Gefährdung wegen — gesehen werden müssen.

Die Begründungen für diesen Charakterzug in der Anlage der Parusiereden Jesu liegt vor allem im Bereich der Seelsorge. In ihr haben wir die eigentliche Zielsetzung der Parusiereden wahrgenommen. Sobald wir dieses Grundanliegen aufgenommen haben, empfinden wir die Reihenfolge solcher Aussagen wie die von der Entrückung der Gemeinde an der *wesenhaft* richtigen Stelle. Und dies selbst dann, wenn sie, nach unserer Erkenntnis, bei einem chronologischen Nacheinander der Geschehnisse an anderer Stelle stehen müßten.

Wir haben diesen Verzicht Jesu schon bei den Versen 32—35 beobachtet. Bei dem dort gegebenen prophetischen Hinweis auf das nationale Erwachen Israels im Bild des Feigenbaumes geht der Herr, genauso wie hier im vorliegenden Bericht über die Entrückung der Gemeinde, weit hinter den Wiederkunftsbericht der Verse 29—31 zurück. Auch hier müßten, ginge es dem Herrn darum, die „Architektur des chronologischen Ablaufes" einzuhalten, die erwähnten Verse in der umgekehrten Reihenfolge stehen. Für die „Architektur der Seelsorge" jedoch sind sie genau an der richtigen Stelle. Aus Gründen der Seelsorge greift der

Herr noch einmal hinter den prophetischen Bericht seines Kommens (V. 29—31) zurück, um erneut auf das am deutlichsten sichtbare Endeszeichen, auf Israels nationales Erwachen und seine endgeschichtliche Heimkehr, hinzuweisen. Der „Feigenbaum" schlägt aus. An diesem Zeichen wird das Wachstum der Geschichte zum Ende hin („der Sommer ist nahe!") wie an keinem anderen Zeichen sichtbar. Darum „wenn ihr das alles sehet, so wisset, daß es nahe vor der Tür ist" (V. 33). Wiederum gebunden an die seelsorgende Absicht, schließt der Herr an das Großzeichen „Israel" sofort die Schilderung des verdiesseitigten Lebensstils an, wie er für die Endzeit zu erwarten ist. Mitten in diesen Prozeß der endzeitlichen Verdiesseitigung hinein ereignet sich die Entrückung der „Genommenen" zu ihrem verklärten Haupte hin. So werden die Gläubigen mit der sachlich verständlichsten Textordnung vor der Ansteckungsgefahr der Umwelt gewarnt. Keine weltliche Verdiesseitigung soll sie am „Genommenwerden" hindern dürfen. Denn nicht nur für Israel und in der Völkerwelt, sondern auch für die Jesus-Christus-Gemeinde aus den Nationen vollzieht sich die Wiederkunft des Herrn unter den obigen Zeichen der großen Sammlung, der Überraschung und der großen Scheidung. „Dann werden zwei auf dem Felde sein; einer wird angenommen, der andere wird verlassen werden." — Habt acht, daß ihr zu den „Angenommenen" gehört!

Jesu Weckruf um Mitternacht

An der Entrückung werden also Männer und Frauen teilhaben. Doch neben ihnen werden auch Männer und Frauen zurückbleiben müssen. So zieht sich durch die Verse 40 und 41 eine große Erwartungsfreude, gepaart mit schneidendem Ernst. Niemand in der Gemeinde soll zwar zurückbleiben müssen. Kein Jünger ist von Gott dazu bestimmt, die Entrückung zu verpassen. Aber Jünger haben wach zu sein. *„Darum wachet; denn ihr wisset nicht, welche Stunde euer Herr kommen wird"* (V. 42).

Wirklich — die Entrückung kommt plötzlich — in einem Augenblick (1. Kor. 15, 52). Keine Rede davon, daß man die Stunde des göttlichen Rufs errechnen könnte. Darum sollen — schon wenn am jüdischen „Feigenbaum" das Sommerwachstum der Geschichte sichtbar wird, und bereits dann, wenn die Dinge des Endes erst anfangsweise zu erkennen sind — die Glieder der Gemeinde das Haupt erheben, wissend, daß ihre Erlösung naht (Luk. 21, 28).

Im folgenden konzentriert nun der Herr den Ruf zur ständigen Bereitschaft auf den endzeitlichen Grundbefehl: *Wachet!*

Dieser Befehl kommt im Neuen Testament in Verbindung mit der Wiederkunft des Herrn zehnmal vor. Allein neunmal aus dem Munde des Herrn selbst. Seine Wiederkunft erfolgt um die Mitternacht der Geschichte: „Zur Mitternacht ward ein Geschrei: Siehe, der Bräutigam kommt; gehet aus, ihm entgegen!" (Matth. 25, 6). Damit, so möchten wir meinen, wird das zehnfache seelsorgerliche Kennwort: Wachet! zu einem besonderen Weckruf für die Mitternacht. Wenn ich einem Menschen zurufe: Wache! so sage ich ihm, daß es seine Gefahr ist, nicht wach zu sein. Wenn ich es zehnmal tue, sage ich ihm, daß diese Gefahr sehr groß ist. Ich sage ihm aber zugleich, daß sie überwindbar ist.

Die Gefahr des Endes ist mithin die geistliche Schläfrigkeit, das innerliche Unerwecktsein. Mitternacht hat einschläfernden Charakter, und Schläfrigkeit steckt um diese Zeit an. „Was ich aber euch sage, das sage ich allen: Wachet!" Mit diesen Worten schließt der Herr seine Parusierede im Markusevangelium ab (Kap. 13, 37). Es klingt wie eine Zusammenfassung aller bisherigen Seelsorgeworte seiner Zukunftsreden überhaupt. Jesu Weckruf will ein helfendes Mahnwort sein zu höchster Alarmbereitschaft für alle, die Ohren haben zu hören.

In der Zukunftsrede Lukas 21 fällt auf, daß der Herr seinen Weckruf mit einer dreifachen Unterweisung versieht. Wir können diese Unterweisung hier nur in Stichworten aufnehmen und weitergeben. Wie sieht der wache Christ aus?

Erstens: Der wache Christ hat *eine klare Stellung zu den Zeichen der Zeit* (V. 29—32.) Zweitens: Der wache Christ hat *eine klare Stellung zu der überragenden Bedeutung des Wortes Gottes*

(V. 33). Und dritten: Der wache Christ hat *eine klare Stellung zu Lust und Leid dieser Welt* (V. 34 f.). Luthers Übersetzung des anschließenden 36. Verses unterstreicht diesen dreifachen Hinweis für das Wachsein besonders stark, wenn wir dort lesen: *So*, d. h. auf diese Weise, seid nun wach allezeit und betet, daß ihr würdig werden möget, zu entfliehen diesem allem, das geschehen soll, und zu stehen vor des Menschen Sohn." Als Luther am 2. Advent 1532 über diesen Vers predigte, bezog er ihn klar auf die Entrückung der gläubigen Gemeinde und sagte: „Du darfst dich nicht fürchten, sondern sollst aus dem Grabe oder Staube wieder lebendig zum Himmel gezuckt (entrückt) werden oder im gleichen Augenblick verwandelt zu ewiger Klarheit. Des warten und predigen wir für den kleinen Haufen, die es annehmen."

Bereitsein heißt also, im Sinne der Seelsorge Jesu, wach sein! Wach in der obigen dreifachen Weise — in der rechten Stellung zu den Zeichen der Zeit, zur überragenden Bedeutung des Wortes Gottes und zu Lust und Leid dieser Welt.

Der aufmerksame Leser wird bereits festgestellt haben, daß zwischen diesen auf die Wachsamkeit der Jünger bezogenen Worten der Lukasrede und unserer Textstelle Matthäus 24, 42 völlige Übereinstimmung herrscht. Beide Texte bilden eine Art göttliche Gleichung, wie sie oft in der Heiligen Schrift festzustellen ist. Von solchen Gleichungen gilt dasselbe, was von mathematischen Gleichungen gilt: Stimmt der eine Satz der Gleichung, dann ist auch der andere richtig. Sehen wir mit Luther in der Lukasstelle den Weckruf Jesu an die Entrückungsgemeinde, dann bezieht sich unsere Matthäusstelle auf dasselbe Ereignis. Jesus will die Glieder der Entrückungsgemeinde antreffen als Menschen, „die ihre Lenden umgürtet haben und ihre Lichter brennen und die auf ihren Herrn warten" (Luk. 12, 35 f.).

„Zu einer Stunde, da ihr's nicht meinet"

Im folgenden zweiten und letzten Hauptabschnitt der großen Parusierede Jesu haben wir noch jenem Prinzip der geweissagten Zukunft Christi nachzudenken, das wir mit dem Begriff

„die große Scheidung" verbunden haben. Sie hat mit der Sammlung *Israels* ins Erbland seiner Väter begonnen, wird mit der Sammlung der *Gemeinde* zu ihrem Haupte hin einen besonderen Akzent in der Geschichte der Endzeit bekommen und darüber hinaus mit der Sammlung der *Nationen* zum Völkergericht schließlich die ganze kommende Weltzeit bestimmen.

Ehe der Herr davon spricht, schließt er den Ruf zum geistlichen Wachsein und inneren Erwecktsein der Endgemeinde ab mit einem Gleichnis:

> „Das sollt ihr aber wissen: Wenn ein Hausvater wüßte, welche Stunde der Dieb kommen wollte, so würde er ja wachen und nicht in sein Haus brechen lassen. Darum seid ihr auch bereit; denn des Menschen Sohn wird kommen zu einer Stunde, da ihr's nicht meinet" (V. 43 u. 44).

Zu welchem nicht berechenbaren Zeitpunkt die Entrückung der Gemeinde auch geschehen mag, sie wird immer in die antichristlich gewordene Welt hinein geschehen. Der bekannte Theologe Professor *Helmuth Frey* aber, und mit ihm viele andere Ausleger, rechnen damit, daß die Gemeinde nicht mehr durch das Letzte der vom Zorngericht Gottes getroffenen Endzeit hindurch muß und sagt: „Durch die Zusicherung der Entrückung wissen wir, daß wir nicht mehr durch die letzte Tiefe müssen. Wir haben unser Ziel in der Hoffnung auf die Teilnahme an der ersten Auferstehung, an der Entrückung, am Tausendjährigen Reich, an der Weltregierung und Weltmission zusammen mit Christus und seinen Heerscharen."

Vielleicht geht einigen Lesern dieses „Wir wissen" von Helmuth Frey schon zu weit. Andere wieder möchten den Zeitpunkt der Entrückung früher angesetzt haben, als es die Worte von Professor Frey zuzulassen scheinen. Wir sind der Meinung, daß wenn der Herr mit obigem Hinweis auf die Entrückung und in Verbindung mit dem Ruf zur Bereitschaft noch die Worte von „der Stunde, da ihr's nicht meinet" hinzufügt, er alle Möglichkeiten über den Zeitpunkt der Entrückung offen läßt. Das Gleichnis vom wachen Hausvater aber verweist in dieser Zusammenfügung seiner Worte kategorisch auf das Grundsätzliche. Der Herr gebietet seinem Volk den *Wartestand:* „Ihr aber seid solche, ... die auf ihren Herrn warten?" Und er tut es aus wahrhaft überzeugenden Gründen und erläutert sie mit dem Gleichnis trefflich. Der Hausvater weiß — glücklicherweise! — nicht, zu welcher Stunde der Dieb kommen wird. Wüßte er es nämlich, wenn sein Herr kommt (der in diesem Fall im Bilde des Diebes dargestellt wird, der da kommt, um das Köstlichste zu holen!), dann könnte er leichten Herzens sagen: „Machen wir vorläufig die Augen zu vor der Wirklichkeit, die draußen vor der Tür steht und die große Veränderung der Dinge bringen wird! Beschäftigen wir uns ausschließlich mit den Vorhandenheiten hinter der Tür." Wir wissen nach anderen Worten der Heiligen Schrift, daß diese Stellung höchst gefährlich sein kann. Sie verführt leicht dazu, Welt und Gottesreich an einem Zipfel zusammenbinden zu wollen und sich damit auf die Ebene des Abfalls zu begeben.

Im Zeichen der Scheidung

Das ist aus den besprochenen Texten der großen Parusierede Jesu unüberhörbar deutlich geworden: Es gibt seit der Zeitenwende in den Geschichtsjahrhunderten der Erde nur *einen* wirklichen Ernstfall — die Wiederkunft Christi. „Es wird erscheinen das Zeichen des Menschensohnes am Himmel. Und alsdann werden heulen alle Geschlechter auf Erden und werden sehen kommen des Menschen Sohn in den Wolken des Himmels mit großer Kraft und Herrlichkeit" (V. 30).

Damit schließt die Endzeit ab. Alles Vorhergehende im Zeitgeschehen war dem untergeordnet, weil es nur ein Vorletztes sein konnte. Auch die Zeichen der Zeit, an denen wir die Endzeit erkennen sollen, sind nur *Vorzeichen*. Kriege und Kriegsgeschrei, Völkerempörungen, revolutionäre Erhebungen können ernste Reifungszeichen sein. Ost und West sind auf einen dritten Weltkrieg vorbereitet. Und dies mit einem Kriegspotential von ABC-Waffen (*A*tombomben, *B*akterien und *C*hemikalien), daß selbst den Erfindern und Herstellern davor graut. Vielleicht kommt er. Vielleicht wird er aus Gründen der Angst verhindert. Wenn er kommt, werden ihm, so sagen uns die Kriegsexperten, Hunderte von Millionen Menschen zum Opfer fallen.

Und doch würde der Wiederkunft Christi gegenüber auch ein solcher dritter Weltkrieg nur ein Vorletztes sein, ein todernstes Vorzeichen zum Letzten hin. Dasselbe ist von der Heimkehr Israels im Zeichen gewesener und kommender Gerichte zu sagen. Das Letzte sind sie nicht. Die Bildung eines Großeuropäischen Weltreiches — das Anschwellen des Antichristentums, das, wie ein Strom, breit und mit starkem Gefälle sich in die Welt ergießt. Der persönliche Antichrist, der als letzter Weltherrscher aus den antichristlichen Weltstaaten emporsteigt. Die Große Trübsal und was sich sonst noch auf unserer Welt ereignen wird — alles sind nur Ereignisse auf dem Wege zum Letzten hin. *Zwischenfälle* des Geschehens als Alarmzeichen des Vorabends der Wiederkehr unseres Herrn. Der Ernstfall aber ist er selbst — nur er. Er, der allvermögende, geschichtsmächtige Gott und Heiland der Welt. Er ist der Allvermögende und auch der Allvollendende.

Die Welt ist ahnungslos

Wie ahnungslos sind die Menschen unserer Zeit! Sie hoffen auf die Politiker und meinen, sie und andere Leute werden es schon schaffen. Bis dahin amüsieren sie sich bei den Schauspielern, die in Film, Theater und moderner Literatur das Unwirkliche darstellen, als ob es wirklich wäre. Dicht daneben stehen die Vertreter einer Theologie, die das Wirkliche darstellen, als ob es unwirklich wäre. Wenn irgendwo die Beatles auftreten, geraten die Fans außer Rand und Band. Mädchen fallen zu Dutzenden in hysterische Ohnmachten und müssen vom Platz getragen werden. Straßen großer Städte sind wie ausgestorben, wenn die Fernsehschirme zeigen, wie die Sportgrößen der Kontinente Weltmeisterschaften austragen. Und doch sind Beatles und Sportkanonen auch nur ein „Vorletztes".

Und wie spricht man von Jesus, dem wiederkommenden Herrn?

Jahre nach dem zweiten Weltkrieg wurde aus England berichtet, daß sich zehn Zeitungsleute zusammengesetzt hätten, um festzustellen, was in der heutigen Welt noch eine Sensation sein würde. Sie kamen zu folgendem Ergebnis:

Eine Weltsensation würde sein,

1. wenn man Hitler irgendwo als noch lebend entdeckte und ein Gespräch mit ihm der Welt mitgeteilt werden könnte.

2. wenn es gelänge, eine lebendige Zelle herzustellen.

3. wenn eine Reise nach dem Mond erfolgreich durchgeführt werden könnte.

4. Ein Auftauchen des versunkenen Erdteils Atlantis.

5. wenn das Fortleben der Menschenseele nach dem Tode versichtbart darzustellen wäre.

6. wenn irgendwo die vorgeschichtlichen Riesentiere der Erde entdeckt und photographiert würden.

7. Ein Atombombenangriff auf New York.

8. das Kommen eines zweiten Messias.

So also hatten sich diese Leute die Reihenfolge der Dinge vorgestellt, die in unserer Welt noch als Sensation empfunden würden. Die Wiederkehr unseres Herrn könnte gerade noch den letzten der Stellenwerte von acht Weltsensationen einnehmen. Vor ihr stünden noch Hitlergespräche und Mondreisen. Wie ahnungslos ist die Welt! Sie wird einmal staunen und von keiner Sensation mehr sprechen, wenn Jesus wiederkommt. *Jeder wird dann in eine letzte und endgültige Entscheidung gestellt sein.* Noch lebt der Jünger in der Vermischung mit den Gottlosen und seine Hoffnung kann stark angefochten werden. Wir wiederholen Billy Grahams Wort, das er in seinem Buch „Welt in Flammen" (S. 11) geschrieben hat: „Es gibt nur ganz wenig Philosophen, Politiker, Wissenschaftler und Soziologen, die Jesu prophetische Geschichtsschau annehmen, wie sie im 24. Kapitel des Matthäusevangeliums niedergeschrieben ist."

Wohin religiöse Leute und gar Theologen der Christenheit darüber hinaus dem prophetischen Wort gegenüber kommen können, wenn sie zu den modernen Philosophen in die Schule gegangen sind, das kann man an den traurigen Stilblüten ihrer Veröffentlichungen feststellen. Einer von ihnen, Professor *Manfred Mezger,* wagt zu Matthäus 24 zu sagen: „Man wird sich wohl hüten, die Gemeinde oder ihren Glauben an die Vorstellungen zu binden, die Jesus von der Zukunft und vom Ende der Dinge hatte." So wuchert die antichristliche Verunkrautung der Welt bis in das „Paradiesgärtlein" der Kirche hinein und bis auf ihre Kanzeln hinauf. Der Weizenacker der endzeitlichen Reichsgottesgeschichte ist zu einem seltsamen Mischfeld geworden. Unkraut wächst mit dem Weizen bis an das Ende dieser Weltzeit. Von diesem Ende aber hat Jesus geweissagt: „Um die Zeit der Ernte will ich zu den Schnittern sagen: Sammelt zuvor das Unkraut und bindet es in Bündlein, daß man es verbrenne; aber den Weizen sammelt mir in meine Scheuer" (Matth. 13, 30). Sammlung, Überraschung und Scheidung. Unter diese Begriffe stellt der Herr der Ernte im Zeichen seiner Wiederkunft alle Geschichtskreise der Welt. Die große Scheidung schließt sich der Sammlung und Überraschung an. Davon haben die vorigen Abschnitte gesprochen.

Eine dreifache Scheidungsbotschaft

Wir haben mit Bedacht dem 2. Kapitel der großen Parusierede Jesu (Matth. 25) die Überschrift vom Zeichen der Scheidung gegeben. Das Jungfrauengleichnis (V. 1—13), das Gleichnis vom Schalksknecht (V. 14—30) und der prophetische Bericht vom Gericht der Völker (V. 31—46) sind je eine Scheidungsbotschaft. Drei Scheidungsbotschaften, die uns klar machen, daß es bei der Wiederkunft des Herrn in allen Geschichtsbereichen um die Generalreinigung der Welt vom Bösen geht, zum Zweck der Aufrichtung seines Friedensreiches auf Erden. Die große Scheidung erfolgt also nicht um der Scheidung selbst willen, sondern um des Neuen willen, das in die Welt kommen soll. Sie wird unter der großen Scheidung in einen Zustand des Reinen, des Schönen, des Heiligen, des Guten, des Göttlichen verwandelt werden. Pfarrer *Johannes Lohmann,* ein auf seinen Herrn wartender Christ, sagt von der Wiederkunft Christi: „Eine Hochzeit ohnegleichen wird es sein. Die Pforte zur Vollendung der ganzen Schöpfung."

Schon die erste der drei Scheidungsbotschaften in Matthäus 25 gibt Johannes Lohmann recht. Es geht um die Reinigung der Geschichtsbereiche vom Bösen zur Hochzeit hin.

> „Dann wird das Himmelreich gleich sein zehn Jungfrauen, die ihre Lampen nahmen und gingen aus, dem Bräutigam entgegen" (Matth. 25, 1).

Diese Hochzeit kann man verpassen. Nur

> „die bereit waren, gingen mit ihm hinein zur Hochzeit, und die Tür ward verschlossen" (V. 10).

Es ist schrecklich, vor verschlossener Tür stehen zu müssen.

> „Zuletzt kamen auch die anderen Jungfrauen und sprachen: Herr, tu uns auf! Er antwortete aber und sprach: Wahrlich ich sage euch: Ich kenne euch nicht" (V. 11 f.).

„Schrecklich, zu wem er einst spricht: Weichet, ich kenne euch nicht", singen unsere Chöre im Lied. Der Grundton der Scheidungsbotschaft ist aber nicht negativ. Mit schneidendem Ernst sagt zwar das Jungfrauengleichnis: „Merke wohl — du könntest die Hochzeit verpassen!" Die seelsorgerliche Führungslinie des Gleichnisses aber ist sichtlich die: „Du brauchst es nicht! Darum verpasse sie auch nicht!" In erstaunlicher Mannigfaltigkeit werden die Scheidungsbotschaften, die den ganzen zweiten Teil der großen Rede Jesu — also ganz Matthäus 25 — ausfüllen, dazu verwendet, der Gemeinde und allen, die auf Jesu Wort hören, den rechten Weg zu zeigen, der hineinführt in die kommende Königsherrschaft Christi auf Erden — hin zur Hochzeit.

Die zwei ersten Scheidungsbotschaften des 25. Kapitels gehen in ihrer Gleichnisform in den Glaubensraum, die dritte in die Völkerwelt. Das „Himmelreich" ist gleich zehn Jungfrauen. Also nicht die Welt, sondern die Reichsgottesgeschichte des Endes ist mit den Jungfrauen verglichen. Mitten durch ihren Bereich geht der Trennstrich:

> „Aber fünf unter ihnen waren töricht, und fünf waren klug" (V. 2).

Die einen nehmen in ungenügender Weise an der Reichsgottesgeschichte teil, die andern in rechter Weise.

Im zweiten Gleichnis gewahren wir denselben Trennstrich zwischen den drei Knechten, denen der „über Land ziehende Mensch" seine Güter austeilt (V. 14 ff.). Der eine empfängt fünf Zentner, der andere zwei, der dritte einen. Jeder soll — gemäß der empfangenen Güter — handeln, bis daß ihr Herr zurückkommt. Alle drei Knechte wissen damit, daß der wiederkommende Herr sie in seinen Dienst nehmen will. Zwei von ihnen hören bei der Rückkehr ihres Herrn das Lob des „frommen und getreuen Knechtes" und werden „über viel gesetzt" (V. 19—23). Anders der Dritte. Er geht am Willen seines Herrn vorbei und scheitert als „Schalk und fauler Knecht" an seiner Berufung. Nun geht er in ein dunkles „Draußen" (V. 30).

Auch die dritte Botschaft des Kapitels steht unverkennbar im Zeichen der Scheidung und dies im Umfang der ganzen Völkerwelt:

> „Wenn aber des Menschen Sohn kommen wird in seiner Herrlichkeit und alle heiligen Engel mit ihm, dann wird er sitzen auf dem Thron seiner Herrlichkeit, und werden vor ihm alle Völker versammelt werden. Und er wird sie voneinander scheiden, gleich als ein Hirte die Schafe von den Böcken scheidet, und wird die Schafe zu seiner Rechten stellen und die Böcke zu seiner Linken" (V. 31—33).

Hier werden die Völker geschieden und ihre Bürger. Gott gehört die Zukunft auch im Völkerbereich. Auch die Nationen der Erde stehen im Ewigkeitsernst des kommenden Tages. Es wird geschieden. Längst nicht alle haben teil an der Segensherrschaft des wiederkommenden Herrn.

Drei Scheidungsbotschaften — zwei in den Glaubensraum hinein, die dritte in die Völkerwelt! Diese Gedanken müßten von allen Menschen, vorweg aber von der Gemeinde Jesu, in ihren schneidenden Konsequenzen übernommen werden.

Das Wesen des Christseins als Konsequenz der Endzeit (Matth. 25)

Ein Vortext

Der Sohn Gottes hat dem 25. Kapitel seiner Zukunftsreden im Matthäusevangelium einen wichtigen Vortext gegeben. Wir haben ihn bisher bei der Überschau der Rede außer Betracht gelassen. Er steht noch Matthäus 24 in den Versen: 45 bis 51. Auch er ist in Gleichnisform gehalten. Wie ein Titelbild zu den zwei folgenden Scheidungsgleichnissen von den „Jungfrauen" und den „drei Knechten" will er uns erscheinen. Jesus fängt mit einer Frage an:

> „Welcher ist aber nun ein treuer und kluger Knecht, den der Herr gesetzt hat über sein Gesinde, daß er ihnen zu rechter Zeit Speise gebe? Selig ist der Knecht, wenn sein Herr kommt und findet ihn also tun. Wahrlich, ich sage euch: Er wird ihn über alle seine Güter setzen. So aber jener, der böse Knecht, wird in seinem Herzen sagen: Mein Herr kommt noch lange nicht, und fängt an zu schlagen seine Mitknechte, ißt und trinkt mit den Trunkenen; so wird der Herr des Knechtes kommen an dem Tage, des er sich nicht versieht, und zu der Stunde, die er nicht meint, und wird ihn zerscheitern und wird ihm seinen Lohn geben mit den Heuchlern; da wird sein Heulen und Zähneklappen" (V. 45—51).

Wir nennen mit Bedacht diesen Abschnitt einen *Vortext* zu Kapitel 25. In ihm sind die beiden ersten Scheidungsbotschaften dieses Kapitels enthalten, wie die Blume in der Knospe. Wir werden es weiter unten erläutern. Auch hier begegnet uns zunächst wieder der schneidende Ernst der Scheidung. Man kann Knecht sein und doch scheitern, weil man ein böser Knecht ist. Aber man muß es nicht. Der große Seelsorger nimmt die Seinen an die Hand und ruft ihnen mit diesem Gleichnis zu: „Lebt doch im Wesen des Christseins! Was ist das Wesen des Christseins? Wir wollen es den zwei frohmachenden Versen entnehmen, die in dieser Botschaft Jesu enthalten sind: Vers 46 und 47: „Selig (wörtlich glückselig!) ist der Knecht, wenn sein Herr kommt und findet ihn also tun. Wahrlich, ich sage euch: Er wird ihn über alle seine Güter setzen."

Es gibt also glückselige Leute, wenn Jesus kommt. Sie stehen auf seiner Seite und haben teil an der Königsherrschaft Gottes. Und damit erhalten sie den vollen Segen ihrer Berufung als Könige und Priester (Offb. 1, 5).

Zwei Bedingungen

Zwei Bedingungen entnehmen wir diesen beiden Versen, wie sie zum wesentlichen Christsein gehören. Die erste leiten wir von dem Wörtlein *„sein* Herr" in Vers 46 ab. Der wiederkommende Herr ist *sein* Herr. Er gehört ihm. Eine zweite Bedingung geht aus dem schlichten Sätzlein desselben Verses hervor: „Und findet ihn also tun." Das will sagen: Der Herr verfügt über ihn: Er gibt seinem Knecht die Lebensaufgabe, das Gesinde, das um ihn ist, zur rechten Zeit mit Speise zu versehen (V. 45). Damit soll er sich berufen wissen, ein Segen für die anderen zu sein.

Wann also zählt nach diesem Gleichniswort Jesu ein Mensch am Tage der Wiederkunft zu den Glücklichen, die er in seine Königsherrschaft einsetzen wird?

Erstens: wenn er ein bewußtes Eigentum seines Herrn ist und zweitens: wenn sein Herr über ihn verfügen darf. Das ist alles. Darin liegt das Wesen des Christseins.

Eigentlich verstehen sich für den wahren Christen diese zwei Bedingungen von selbst. Wie stünden ich und meine Leser an jenem Tage da, wenn wir ohne klare, entscheidende Verbindung mit dem Heiland geblieben wären? Wenn er mir oder einem anderen hinter verschlossenen Türen aus dem Hochzeitssaal heraus zurufen müßte: Ich kenne dich nicht! (Kap. 25, 12b). Der Herr kennt die Seinen! Törichte Jungfrauen sind also nicht sein. Sie haben keine klare, entscheidende Verbindung mit dem Bräutigam gehabt. Es fehlte ihnen am Öl, am Heiligen Geist. Dieser kann erst und nur dort Einzug halten in ein Herz, wo eine klare und entscheidende Verbindung mit Jesus hergestellt wurde, wo ein *Herzensverhältnis* mit ihm zustande kam. Dabei gilt es wohl zu bedenken, daß Jesus ein Sünderheiland ist. Nur wer seine Sünde als Sünde erkannt hat und sie auf dem gottgesetzten Wege über das Kreuz Christi los geworden ist, kann in klarer, entscheidender Verbindung mit Jesus stehen. Ein anderer nicht. Jesus ist die einzige Offenbarung der rettenden Liebe Gottes. Er allein kann von Sünden losmachen um des auf Golgatha vergossenen Blutes willen. Wer in bußfertigem Glauben im Gebet sein Leben ihm dort übergibt, erhält Vergebung seiner Sünden und kommt augenblicklich in klare, entscheidende Verbindung mit ihm. „Wer seine Missetat leugnet, dem wird's nicht gelingen" sagt die Bibel im Buch der Sprüche (Kap. 28, 13). Es gibt etwas, das schlimmer ist als jede Sünde, die ein Mensch tut, nämlich die Sünde bagatellisieren oder gar verteidigen. Ein solcher Mensch wird seine Sünde in Ewigkeit nicht los. Es müßte jedermanns „vornehmste Sorge sein" (Luther), daß er hier in seinem Leben eine klare, entscheidende Verbindung mit Jesus gewinnt. „Wenn wir unsere Sünden bekennen, so ist Gott treu und gerecht, daß er uns die Sünden vergibt und reinigt uns von aller Untugend." So sagt es die Heilige Schrift in 1. Johannes 1, 9. Wer am Tage der Wiederkunft Christi zu den Glücklichen zählen will, darf an dieser göttlichen Bedingung nicht vorübergehen. Es gilt, „die Sünde bekennen vor Gott und in gewissen Fällen auch vor Menschen" (Luther). Dann kann man die Gnade der Vergebung im Glauben an Gottes Verheißung ergreifen und sein Leben in freier Entscheidung ihm übergeben. Wer dann in ihm bleibt und seine Übergabe nicht mehr zurücknimmt, der steht im wesentlichen Christsein.

Weil diese Notwendigkeiten zum Seligwerden so oft übersehen werden, gibt es viel religiösen Selbstbetrug in der Christenheit. Man hat den Namen „Christ" und ist doch tot (Offb. 3, 1!). Es dürfte in Wahrheit keiner sagen: „Ich glaube, daß Jesus Christus sei mein Herr!" und daneben schleppt er noch die ganze Kette seiner unvergebenen Schuld hinter sich her. Gottes Geist, der den törichten Jungfrauen so verhängnisvoll fehlte, zieht nur in Herzen ein, die im Blute des Lammes gewaschen und von Schuld und Sünde durch die Vergebungsgnade Jesu gereinigt sind.

Damit aber sind wir bereits vom Vortext des 24. Kapitels zum Haupttext gekommen, wie er die erste Bedingung des wesentlichen Christseins mit Kapitel 25, 1—13 im Gleichnis der zehn Jungfrauen einzigartig entfaltet. Es ist bei genauerem Zusehen so, daß das erste der zwei Scheidungsgleichnisse, das Gleichnis von den zehn Jungfrauen, deutlich mit der ersten Bedingung des wahren Christseins zu tun hat. Es läßt uns in seinen markantesten Zügen erfahren, was es heißt, klare, entscheidende Verbindung mit Jesus zu haben.

Das Jungfrauengleichnis erläutert die erste Bedingung

Wir stellen zunächst einfach noch einmal fest, daß die Gruppe der Törichten ohne klare, entscheidende Verbindung mit dem Bräutigam war. Wir hörten schon, daß Jesus zu ihnen sagt: Ich kenne euch nicht! 2. Timotheus 2, 19 sagt dazu: „Aber der feste Grund Gottes besteht und hat dieses Siegel: *Der Herr kennt die Seinen!*" Also waren die Törichten nicht die Seinen!

Gemeinsames der beiden Gruppen

Fragen wir nun: was gab den Klugen ihre Stellung zum Herrn und was hinderte die Törichten, in derselben Stellung zu ihm zu sein und mit den Klugen in den Hochzeitssaal zu gelangen?

Mit Recht machen die Ausleger darauf aufmerksam, daß überraschenderweise die gemeinsamen Züge beider, zuletzt so unterschiedenen Gruppen weit zahlreicher sind als das, was sie trennte.

Sie hatten fünf Gemeinsamkeiten, die wir hier nur in Stichworten wiedergeben möchten: Erstens: Dieselbe Marschrichtung. Zweitens: Dieselben Gewänder. Drittens: Die Lampen in der rechten Hand. Viertens: Sie waren alle eingeschlafen und fünftens — ein Merkmal, das vielfach übersehen wird: Sie hatten *alle* Öl in ihren Lampen. Warum aber nehmen die einen in ungenügender Weise am Reich Gottes teil, während es die andern, die klugen, in der rechten Weise tun? Die Antwort ergibt sich aus dem dritten und fünften Merkmal, aus Lampe und Öl. Jesus selbst gibt zwar keine Deutung der einzelnen Züge. Das scheint er der späteren „theologischen Forschung" überlassen zu haben. Wir meinen aber, es sei nicht falsch gesehen, wenn wir in der Lampe ein Gleichnis für die *christliche Erkenntnis* vermuten und im Öl ein Symbol für den *Heiligen Geist*. Das Öl bedeutet ohnehin in der Symbolsprache der Heiligen Schrift fast durchgehend den Heiligen Geist. Die Gleichung: Lampe = christliche Erkenntnis scheint uns von der geschichtlichen Erfüllung des Jungfrauengleichnisses her eine Berechtigung zu haben. Wer heute im europäischen Raum noch bewußt und gewollt teilnimmt an der Reichgottesgeschichte, hat in der Regel ein bestimmtes Maß von christlicher Erkenntnis. Möglicherweise geht dieses Maß kaum über den Inhalt des sogenannten Apostolikums hinaus. Immerhin — die Lampe ist da. In den meisten Fällen kann auch das Öl in der Lampe festgestellt werden. Wie meinen wir das? Wenn beispielsweise ein Mensch, der oft unter Gottes Wort geht, aus dem Wort Gottes die Erkenntnis seiner Sündhaftigkeit gewonnen hat und weiß, daß er vor Gott verloren ist, so ist das keine geringe Sache und ein Werk des Heiligen Geistes. „Der Geist wird die Welt überführen von der Sünde", sagt Jesus in den Abschiedsreden (Joh. 16, 8). Aber — und nun sprechen wir vom ersten Unterscheidungsmerkmal zwischen den klugen und törichten Jungfrauen — wenn der Mensch unter der Wirksamkeit des Heiligen Geistes merkt, daß er Sünder ist, so ist das groß und doch zu wenig, um damit schon eine kluge Jungfrau zu sein. Der Mensch mag dann wohl „erweckt" genannt werden; doch ist er dadurch noch nicht bekehrt und wiedergeboren. Der innerlich von der Sünde überführte und erweckte Mensch muß von der Sündenerkenntnis noch zur Heilserkenntnis durchdringen. Dann würde er, im Gehorsam gegen die Verheißung, bald in strahlender Heilsgewißheit sagen können: „Ich habe nun den Grund gefunden, der meinen Anker ewig hält, wo anders als in Jesu Wunden? Da lag er vor der Zeit der Welt. Der Grund, der unbeweglich steht, wenn Erd und Himmel untergeht." Die Väter nannten die Heilsgewißheit die Krone des christlichen Glaubens. Niemand aber kann sie haben ohne die wiedergebärende Kraft und Gnade des innewohnenden Heiligen Geistes. Wer sein Leben lang am Evangelium teilnimmt und nichts anderes zu bezeugen vermag, als daß er ein verlorener Sünder sei, wer also über die Klagen von Römer 7 nicht hinauskommt, an dem mag gewiß ein Geisteswerk geschehen sein. Wir brauchen daran nicht zu zweifeln. Er ist erweckt. Das Öl ist in der Lampe, aber es ist zu wenig für ihn, um durch die Mitternacht zu kommen.

> „Gebt uns von eurem Öl", läßt Jesus die Törichten zu den Klugen sagen, „denn unsere Lampen verlöschen" (V. 8). Da antworteten die Klugen und sprachen: „Nicht also, auf daß nicht uns und euch gebreche; geht aber hin zu den Krämern und kaufet für euch selbst" (V. 9).

Die Klugen haben also nicht etwa „zuviel" Christentum. Sie können nichts entbehren vom Öl, das sie haben.

Der schicksalhafte Unterschied

Aber warum können die Klugen mit ausreichendem Ölvorrat und darum mit brennender Lampe dem Bräutigam entgegengehen und die Törichten nicht? Erst wenn wir auf diese Frage eine klare Antwort haben, ist uns aufgegangen, wo die klare, entscheidende Verbindung mit Jesus ihr letztes Geheimnis hat. Visitieren wir zu diesem Zweck die Hände der beiden Gruppen! Untersuche die rechte Hand der Klugen! Was ist darin? Eine Lampe. Untersuche die rechte Hand der Törichten! Was ist darin? Auch eine Lampe. Also kein Unterschied! Untersuche die linke Hand der Klugen! Was ist darin? Ein Gefäß mit Öl. Untersuche die linke Hand der Törichten! Was ist darin? Kein Gefäß. Nichts. Die Hand ist leer. Ein großer Unterschied! *Eine* Hand für den Bräutigam, die andere Hand frei! Das war die böse Parole der Törichten. Beide Hände für den Bräutigam, das war das Motto der Klugen. Nur dieses Motto, aber nicht die Halbheitsparole der Törichten, bringt klare, entscheidende Verbindung mit Jesus und führt zum Wesen des Christseins. Die christliche Halbheit hat keine Verheißung. Sie ist auch in der Erfahrung unbewährt. „Ein halber Christ ist ein ganzer Unsinn", pflegte Pfarrer *Wilhelm Busch* aus Essen des öfteren zu sagen. Und er hatte recht damit. So sieht es auch die Bibel. Klare, entscheidende Verbindung mit Jesus tut not. Sie ist aber nur möglich in der Ganzheit des Christseins. Wir wissen es jetzt von den törichten Jungfrauen, woher das kommt: zu wenig Öl, zu wenig Geisteswirken, zu wenig Durchbruch in das Wesen des Christseins. Nur *eine* Hand war da für den Bräutigam. Wer aber die andere Hand freibehalten will, wird bald erleben, daß sie nicht frei bleibt. Die freie Hand gehört dann eben auch jemand — dem eigenen Ich, seinen Lüsten und dem angeborenen Herrn des Lebens, dem Teufel. Man ist zwar religiös, aber nicht wiedergeboren.

Wer in einer totalen Hinwendung zu Jesus sein Leben mit aller Schuld ihm übergibt, empfängt mit der Vergebung der Sünden auch die Wiedergeburtsgabe des Heiligen Geistes. Er wird damit zwar kein „sündloser" Mensch; aber einer, der mit Jesus geht und in dem Jesus sein Leben lebt. Ganze kommen durch. Die Halben kommen um!

Folgerungen

Breiter Weg und schmaler Pfad
Gott stellt dich vor beide
und sein Wort ergeht an dich
Pilger auf, entscheide!
Beider Ziel ist dir bekannt
wähle drum und wandre!
Führt der eine dich zum Licht,
führt in Nacht der andre.

So ruft uns der Dichter zur Bereitschaft auf Gottes großen Tag. Das Jungfrauengleichnis erläutert die hohe Bedeutung des wesentlichen Christseins und sagt zugleich, worin es besteht. Zum Wesen des Christseins gehört in erster Linie, so sahen wir, eine klare, entscheidende Verbindung mit Jesus. Man darf daher das Christsein nicht einfach gleichsetzen mit dem Empfang der sogenannten Sakramente, d. h. mit Taufe und Abendmahl. Auch nicht mit Kirchgang und sonstiger Teilnahme am Reich Gottes.

Das alles können an ihrem Platz wichtige Dinge sein. Die Wiedergeburt sind sie nicht. Christsein ist seinem Wesen nach ein Herzensverhältnis zu Gott. Niemand kann daher zum Christsein gezwungen werden. Auch nicht damit, daß man ihn als Kind zur Taufe getragen hat. Gerade in unseren volkskirchlichen Verhältnissen, in denen die meisten Menschen Mitteleuropas durch die üblichen Praktiken von Kind auf zur Gemeinde Jesu Christi gerechnet werden, muß das alles mit großem Nachdruck gesagt werden. Wie leicht wird da durch den Hinweis auf den vollzogenen Taufakt der Aufruf zur Bekehrung untergraben. Und doch gibt es ohne Bekehrung und Wiedergeburt kein wahres Christsein. Es geht im Wesen des Christseins um eine neue Innerlichkeit, die allein der Heilige Geist schafft. Es geht um die Wiedergeburt „aus Wasser und Geist", die dem Menschen erst in einer klaren, entscheidenden Verbindung mit dem Sohne Gottes geschenkt werden kann.

Das erste Gleichnis in den drei Scheidungsbotschaften der großen Parusierede Jesu macht das auf seine Weise unüberhörbar deutlich.

Erneuter Weckruf

Der Herr schließt das Gleichnis von den zehn Jungfrauen ab mit dem uns schon vertrauten Weckruf seiner endzeitlichen Seelsorge:

> „Darum *wachet,* denn ihr wisset weder Tag noch Stunde, in welcher des Menschen Sohn kommen wird" (V. 13).

Wir wissen es bereits: Wach sein heißt im Verständnis der endzeitlichen Reden Jesu, in geistlicher Lebendigkeit zeitwirklich die Zukunft Gottes vor Augen haben.

Mit diesem abschließenden Weckruf verleiht der Herr der Botschaft des Gleichnisses noch einen besonderen Nachdruck. Seine eindrucksvollen Einzelzüge erläutern den letzten Grund für das gebotene Hellwachsein der Jüngerkreise. Nur ja die klare, entscheidende Verbindung mit ihm nicht versäumen! Und auch ja nicht das bereits geknüpfte Band durch geistliche Schläfrigkeit und inneres Unlebendigsein wieder lockern lassen. Beharren bis ans Ende! hatte der Herr schon in den ersten Sätzen seiner großen Rede gesagt (Matth. 24, 13). Vorbehaltlose Bindung an Jesus ist die erste Bedingung, um am Tage Christi zu den Glücklichen zu gehören, die er über alle seine Güter setzen wird. So hat es uns der Vortext in Matthäus 24, 45 ff. gesagt und seine Entfaltung im Jungfrauengleichnis bestätigt es.

Das Knechtegleichnis erläutert die zweite Bedingung

Der Vortext zu Matthäus 25 hat uns aber auch schon eine zweite Bedingung an die Hand geben. Wer in klarer entscheidender Verbindung mit Jesus steht, ist auch zur Tat gerufen. Er soll dem Gesinde des Herrn, d. h. den Menschen, die um ihn her sind, „Speise geben zu rechter Zeit. Glückselig ist der Knecht, wenn sein Herr kommt und findet ihn also tun" (V. 46). So tritt zur Herzensverbindung mit Jesus und der durch den Heiligen Geist geschenkten neuen Innerlichkeit, die segnende Verfügbarkeit des Jüngers für seinen Herrn. Von den Menschen, die ihm gehören, erwartet er, daß sie dort, wo sie stehen, kein Fluch mehr sind, sondern ein Segen. Der Heilige Geist schafft in der klaren, entscheidenden Verbindung mit Jesus beides — eine neue Innerlichkeit und die segnende Verfügbarkeit für den Herrn.

Auch für diese zweite Bedingung zu echter Hoffnungsfreude gibt Jesus eine ausführliche Illustration und erläutert sie mit dem Gleichnis der drei Knechte (Kap. 25, 14—30). Mit dem Aufbau des Gleichnisses haben wir uns bereits befaßt. Die Güter des „über Land ziehenden Menschen" werden von ihm ausgeteilt an seine drei Knechte.

> „Gleichwie ein Mensch, der über Land zog, rief seine Knechte und tat ihnen seine Güter aus; und einem gab er fünf Zentner, dem andern zwei, dem dritten einen, einem jeden nach seinem Vermögen, und zog bald hinweg" (V. 14 f.).

Auf diesen Vorgang nun richtet dieser Herr sein Handeln bei seiner Rückkehr nach langer Zeit.

„Über eine lange Zeit kam der Herr dieser Knechte und hielt Rechenschaft mit ihnen" (V. 19).

Alles, was nun im Text bis Vers 30 folgt, ist Bericht über das Ergebnis der Rechenschaft.

Zunächst wird an dem Gleichnis deutlich, daß es sich bei allen drei Knechten um Leute handelt, die an dem „Über-Land-ziehenden-Menschen" orientiert und für den Umgang mit den erhaltenen Zentnern verantwortlich sind. Er hat ihnen seine Güter ausgeteilt, „einem jeden nach seinem Vermögen", dem einen fünf, dem andern drei, dem dritten einen Zentner (V. 15). Von allen wird ein gerechter, den erhaltenen Gaben und ihrem Vermögen entsprechender Einsatz erwartet. Ihr Rechenschaftsbericht bei der Rückkehr des Herrn bezieht sich auf diesen Einsatz. Das Ergebnis ist dort erschütternd, wo der „Schalk und faule Knecht" (V. 26) um seiner falschen Einstellung zum Herrn und dessen Gabe willen von den zwei „frommen und getreuen Knechten" geschieden wird. Hier ist nun der Nachdruck nicht mehr auf die erste Bedingung vom Wesen des Christseins gelegt, wie es das Jungfrauengleichnis tut, sondern auf das Tatzeugnis. So dient das Knechtegleichnis der Erläuterung der zweiten Bedingung zum wesentlichen Christsein. Sie besteht in dem unwiderruflichen Willen des Herrn, daß, wer ihm gehört, sich auch von ihm gebrauchen läßt. Wieder also der schneidende Ernst, mit dem hier auch die zweite Bedingung: das Tatzeugnis des Christseins, beurteilt wird.

Das Besondere dieser Gleichnisbotschaft für jedermann

Ein Vergleich mit der Dublette (Zweitbericht) des Gleichnisses in Lukas 19, 12—27 legt den Gedanken nahe, daß an dieser Stelle, wie so manchmal in den Parusiereden Jesu, lehrbegrifflich vor allem Israel im Blickfeld der Aussagen steht. Aber unabhängig von dieser Frage liegt das, was wir den *seelsorgerlichen Akzent* nennen, jedem Leser dieses Herrenwortes gleich nahe. Es müßte zumindest beim dritten der Knechte, dem „Schalk und faulen Knecht", von jedermann bedacht werden, daß es hier schon von Anfang an an der ersten Bedingung, einer klaren, entscheidenden Verbindung mit dem Herrn des Knechtes gefehlt haben muß. Nie könnte er sonst in solch einem Geist der Auflehnung seinem Herrn gegenüberstehen und sagen:

„Herr, ich wußte, daß du ein harter Mann bist!" (V. 24).

In dieser Sache aber befindet sich zwischen den Menschen aus Israel und den im heutigen Bereich der Reichgottesgeschichte Lebenden kein Unterschied. Wer in der Reichgottesgeschichte nur äußerlich und nicht mit dem Herzen steht, kann auf dem Boden des Neuen Testamentes ebenso wenig mit der rettenden Gnade Gottes rechnen, wie jenes alttestamentliche Israel, wenn es „mit seinem Herzen ferne war vom Herrn" (Jes. 29, 13 f.; Matth. 15, 8 f. u. a. St.). Und das andere geht — wiederum verpflichtend für alle — aus dem Knechtegleichnis ebenso klar hervor: Wesenhaftes Christsein wird erst dort vom Herrn anerkannt, wo zur klaren, entscheidenden Verbindung mit dem Herrn nach innen, auch die Frucht des neuen Lebens nach außen sichtbar wird. Wie sehr es gerade auf dem Boden des Neuen Bundes und damit im Zeichen der rechtfertigenden Gnade auf das Tatzeugnis des Christseins ankommt, sagen eine ganze Reihe von Textstellen des Neuen Testaments, und dies nicht nur im Jakobusbrief. Es sei hier nur auf eine derselben in den Paulusbriefen hingewiesen. In 1. Korinther 3, 11 spricht Paulus von dem in Jesus Christus gelegten Heilsgrund und sagt: „So jemand auf diesen Grund baut Gold, Silber, edle Steine, Holz, Heu, Stoppeln, so wird eines jeglichen Werk offenbar werden; der Tag wird's klarmachen, denn er wird durchs Feuer offenbar werden; und welcherlei eines jeglichen *Werk* sei, wird das Feuer bewähren. Wird jemandes *Werk* bleiben, das er darauf gebaut hat, so wird er Lohn empfangen. Wird aber jemandes *Werk* verbrennen, so wird er Schaden leiden; er selbst aber wird selig werden, so doch wie durchs Feuer" (1. Kor. 3, 12—15).

Wer über die Rechtfertigung des Sünders „allein aus Gnaden" schriftgemäß denkt, hat von der Gnadenlehre des Evangeliums eine hohe Auffassung. Und gerade deswegen muß auch das andere gesehen werden, was uns das Knechtsgleichnis in der einen wie in der andern Weise mit großem Ernst nahebringen will. Wir haben gewiß jede Schriftstelle falsch verstanden, die uns im Einsatz unseres Lebens lähmt. Unser gläubiges Nachdenken sollte an solchen Texten, die vom Gericht über die Werke sprechen, immer neu einsetzen. Kein noch so liebliches Gnadenwort darf uns darüber hinwegtäuschen, daß zum Wesen des Christseins mehr gehört als eine nur äußerliche Zugehörigkeit zum Reiche Gottes. Der Sinn des erlösten Lebens ist, für Gott und den Nächsten da zu sein. Auch an Israel gerichtete Texte, die an die Fundamente der neutestamentlichen Rechtfertigungsgnade zu stoßen scheinen, sollten uns zur Besinnung über die Echtheit unseres Verhältnisses zu Gott und dem Nächsten bringen. Wir dürfen gewiß sein, daß das Fundament der „reinen" Gnade darüber dennoch unerschüttert bleibt. Es gehört einfach mit zu der inneren Echtheit eines Christen, daß sein Gewissen in Funktion bleibt. Darum sollte keiner den geistlichen Erschütterungen aus dem Wege gehen, die die Worte vom schneidenden Ernst der Heiligkeit Gottes in ihm hervorzurufen suchen. So sehr also — wie wir vorhin sagten — beim Knechtegleichnis der Parusierede Jesu in Erwägung gezogen werden kann, daß die „Zentner" der Gnade Gottes zuerst dem Volke Israel gegeben worden sind — für *unser* Zeitalter ist „das Reich Gottes von Israel genommen und jenem Volk gegeben worden, *das seine Früchte bringt*" (Matth. 21, 43). Die ganze Anlage des Gleichnisses nötigt uns daher auch als Glieder der Gemeinde des Neuen Bundes auf seine Botschaft zu hören. Es ist gewiß schriftgemäß, wenn wir fragen, worauf es dem Herrn bei uns ankommt, die wir ihn — den „Über-Land-ziehenden-Menschen", — zwischen Himmelfahrt und Wiederkunft erkannt und die „Zentner" einer reichen Gnade empfangen haben. Es ist wiederum eine vom Gemeindeapostel Paulus gegebene Antwort, wenn wir in 2. Korinther 5, 15 lesen: „Christus ist darum für alle gestorben, auf daß die, so da leben, hinfort nicht sich selbst leben, sondern dem, der für sie gestorben und auferstanden ist." Und an jenes andere Pauluswort sei erinnert: „Ich ermahne euch nun, liebe Brüder, durch die Barmherzigkeit Gottes, daß ihr eure Leiber begebet zum Opfer, das da lebendig, heilig und Gott wohlgefällig sei, welches sei euer vernünftiger Gottesdienst" (Röm. 12, 1 f.).

Nachahmung Gottes recht verstanden

Schon ehe Abraham beschnitten ward, also ehe er zum Stammvater des Volkes Israel wurde, hat ihm Gott den Sinn seines Lebens mit den Worten ausgelegt: „Ich will dich segnen und du sollst ein Segen sein" (1. Mose 12, 3). Und gerade in diesem Lebensprogramm ist er der Vater aller Gläubigen (Röm. 4, 11). Das war zu allen Zeiten der Sinn des erlösten Lebens, des wesenhaften Christseins, dem segnenden Gott ähnlich zu werden. Es gibt nichts Schönes, nichts Brauchbares in der Welt, das nicht Gabe des schenkenden Gottes wäre. Seine Eigenart — der Schenkende, der Gebende zu sein, macht unser Leben reich und fröhlich. Gottes Schenken schreckt auch vor dem schwersten Opfer, dem Opfer des Sohnes, nicht zurück. „Wie sollte er uns *mit ihm* nicht alles schenken?" fragt Paulus in Römer 8. Er hat mit seinem Opfer das Leben auch der Allerverlorensten wieder lebenswert gemacht. *Gottes Eigenart nun anzunehmen,* seine Nachahmer zu sein, ist der höchste Sinn des wiederhergestellten Lebens. Er schenkt die „Zentner" seiner Gaben in Christo Jesu in das Leben der Verlorenen hinein, damit diese ihr Leben aus Gottes Gaben leben und mit seinen Gaben weitermachen. Du sollst ein Segen sein, das heißt: Du darfst die kostbare Gabe des erlösten und beglückten Lebens hineintragen in die von Gott geliebte Welt, daß es schöner, heiliger und göttlicher werde um dich her.

Die Lebenshingabe des Jüngers

Im Protestantismus begegnet man häufig der Meinung, mit dem vollbrachten Opfer Gottes auf Golgatha erübrige sich auf dem Boden des Neuen Testamentes jedes weitere Opfer von unserer Seite. Hier hat man aber Wesentliches übersehen. Gewiß ist Jesu Opfer ein einmaliges Werk. Ihm allein verdanken wir das Heil unserer Seele. „Gott aber sei Dank für *Seine* unaussprechliche Gabe!" ruft Paulus im Hinblick auf dieses Opfer aus (2. Kor. 9, 15). Damit aber ist das Opfer nicht einfach abgeschafft. Unsere Opfer, zu denen wir als Jünger Jesu gerufen werden, haben nur *eine andere Bedeutung,* als es das einmalige Opfer Jesu hatte. Nie mehr darf ein Mensch dem Gedanken nachgehen, als könne und müsse er mit seinem Opfer Gott versöhnen oder ihn gegen sich, den Sünder, gnädig stimmen. Unsere Opfer haben auch entfernt nicht die Bedeutung der Wiedergutmachungen unseres verkehrten Lebens vor Gott. Wer so von seinen Opfern reden wollte, würde das Blut Christi verachten und seine Tat am Kreuz verhöhnen. Der Sinn der neutestamentlichen Opfer ist, Gott nachzuahmen in seinem Schenken, seinem Segnen und seinem Opfern. Der versöhnte Mensch wird durch die Gabe der Versöhnung in Christo Jesu zurückgerufen in die Gottebenbildlichkeit, in die er von Anfang erschaffen war. Damit aber stehen wir mitten im Knechtegleichnis und vor der hohen Bedeutung seiner Grundsätze. Wir möchten daher wiederholen, daß es an dieser Stelle seine Bedeutung gewiß nicht nur für Israel hat, sondern auch für die Gemeinde. Mit den „Gabenzentnern Gottes" dürfen und sollen die Knechte auch *ihre* Zentner „gewinnen". Das setzt im übertragenen Sinn freilich — wie wir bereits sagten — voraus, daß man die Güter des Vaterhauses mit dem Herzen aufgenommen hat und das neue Leben, das er uns mit seinem Gnadenreichtum in Christo schenkt, von Herzen mitmacht — *ganz* mitmacht! Nur so kann es auch ganze Frucht bringen, wie bei den zwei „frommen und getreuen Knechten". In seinen Abschiedsreden spricht Jesus von derselben Sache, und erläutert den Sinn des erlösten Lebens mit dem Bild von der Rebe, die am Weinstock hängt und Frucht bringt. Erst klare, entscheidende Verbindung und dann Frucht! Wer sich dieser Verbindung entzieht und nicht in ihm bleibt, „der wird weggeworfen wie eine Rebe und verdorrt, und man sammelt sie und wirft sie ins Feuer und müssen brennen" (Joh. 15, 6).

Die Frucht der Gabe Gottes

Der Herr spricht im Verlauf des Weinstockgleichnisses von Frucht, *mehr* Frucht und *viel* Frucht. Auch das Knechtegleichnis kennt diese Steigerung, wenn auch in einem etwas veränderten Sinn. Der „Mensch", der über Land zieht, nimmt eine unterschiedliche Verteilung seiner Güter vor. Der eine empfängt fünf, der andere zwei, der dritte einen Zentner. Jesus legt diese Unterschiede in seinem Gleichnis nicht aus. Will er damit sagen, daß der Lebenszuschnitt, den Gott den einzelnen seiner Kinder gibt, ein Geheimnis bleibe? Der nur *einen* Zentner empfing, mochte sich den zwei ersten Knechten gegenüber verkürzt vorkommen. Der Ablauf des Gleichnisses macht aber deutlich —

und das hätte sich der dritte Knecht sagen müssen —, *es kommt auf die Sache selbst an,* d. h. auf den „Zentner". Es kommt nicht darauf an, in welchem Quantum ihn jeder empfängt. Jeder bekommt die Zentnergabe „nach seinem Vermögen". Gott gibt, was er gibt, „nicht *über* unser Vermögen" (1. Kor. 10, 13)! Irgendwo liegt jeder Mensch, auch jener Jünger, dem viel gegeben ist, an der Kette. Mag sie beim einen „länger", beim andern „kürzer" sein. Wie verschieden kann allein die natürliche Begabung der Menschen sein, zu schweigen von den Unterschieden des Standes, der Herkunft, der Rasse oder der Bildung. Hier stehen wir oft vor Geheimnissen, die im letzten niemand zu durchdringen vermag. Gott fordert nicht selten auch „Zwangsopfer" vom Leben und niemand kann sagen: Was machst du da? Man lese dazu Jesaja 45, 9! Wer kennt nicht die Anfechtung, die ihn überfällt, wenn er einem besonders begabten Menschen begegnet und sich fragt: „Warum habe ich diesem Menschen gegenüber nur solch bescheidene Gaben?" Wo wir aber als wiedergeborene Menschen in einem echten Verhältnis zu unserem Herrn stehen, spüren wir bald, wie unrichtig solches Denken ist. Hat einer „nach seinem Vermögen" nur den *einen* Zentner empfangen, so daß er es gabenmäßig vielleicht eben noch fassen kann: „Jesus, du starbst für mich. Ich bin dein. Verfüge über mich, wie du willst!" so hat er nicht den geringsten Grund, den anderen mit dem größten Vermögen zu beneiden. Er möge es ja nicht überhören, was der Herr an anderer Stelle von den „Begabteren" sagt: „Denn welchem viel gegeben ist, bei dem wird man viel suchen; und welchem viel befohlen ist, von dem wird man viel fordern" (Luk. 12, 48). Wir sollten es uns von solchen Textstellen deutlich sagen lassen: Das Große liegt nicht im *Umfang* der Gabe Gottes, sondern in der Gabe selbst. Mag die Gabe des Evangeliums der eine, dank des ihm gegebenen Vermögens, in größerer Fassungskraft aufnehmen, wie der andere — das Grundsätzliche ist im Gleichnis nicht die Zahl der Zentner, sondern die Sache, die mit dem „Zentner" gemeint ist. Jedem — auch dem Schwächsten — ist der *Zentner des vollen Heils* angeboten, mit dem ihn Gott zurückgewinnen will in seine Verfügbarkeit. Nimmt er die Gabe nun mit dem Herzen auf, dann gehört das Leben mit dem einen Zentner genau so dem Herrn des Lebens, wie das Leben mit den fünf Zentnern. Gott spricht es dem einen, wie dem anderen zu: Nun ich dich gesegnet habe, sollst du ein Segen sein! Er soll und darf die Gabe des Heils im ganzen Umfang *seines* Vermögens hineinschenken in die Welt. Am großen Tag der Ewigkeit aber darf er die hineingeschenkte Gabe, wiederum nach dem Maß des ihm gegebenen Vermögens, dem Herrn seines Lebens zurückgeben. Die Gabe der fünf Zentner ging durch das Leben des ersten Knechtes hindurch und brachte die *ganze* Frucht von ebenfalls fünf Zentnern. Die Gabe der zwei Zentner ging durch Herz und Leben des zweiten Knechtes hindurch und brachte wiederum Frucht in der Ganzheit des „Zweizentner-Vermögens".

> „Da trat herzu, der fünf Zentner empfangen hatte, und legte andere fünf Zentner dar und sprach: Herr, du hast mir fünf Zentner ausgetan; siehe da, ich habe *damit* andere fünf Zentner gewonnen . . . Da trat auch herzu, der zwei Zentner empfangen hatte, und sprach: Herr, du hast mir zwei Zentner ausgetan; siehe da, ich habe *mit ihnen* zwei andere gewonnen" (V. 20. 22).

Und der wiedergekommene Herr richtet an beide denselben Urteilsspruch:

> „Ei du frommer und getreuer Knecht, du bist über wenigem getreu gewesen, ich will dich über viel setzen; gehe ein zu deines Herrn Freude!" (V. 21. 23).

Wir merken es am Urteilsspruch: Nicht die Verdoppelung als solche war das Entscheidende, sondern die Treue echter Herzensfrömmigkeit, mit der sie beide die Gabe ihres Herrn umgesetzt hatten in ihren Lebenskreisen und Aufgaben.

Zwangsopfer

„Zwangsopfer" nannten wir vorhin das Verzichtenmüssen des dritten Knechtes auf das größere Vermögen der zwei ersten Knechte. Doch kann der Begriff „Zwangsopfer" unter Gottes Führung in unserem Leben auch noch eine andere Bedeutung haben als wir sie oben besprochen haben. Wir denken an Leidensführungen aller Art, wie sie manchem Menschen auferlegt werden bis hinein in die Anfechtung eines jahrelangen Siechtums auf schwerem Krankheitslager. Auch an plötzliche Zusammenbrüche von Gesundheit und Existenz, wie Gott sie in nicht seltenen Fällen auch seinen liebsten Kindern schon zugemutet hat. Vielleicht ist einer der Leser gerade jetzt in einer Lage, die er als „Zwangsopfer" empfindet. Wie schnell kommt es dann vor, daß wir die Menschen um uns her beneiden, die mit ihrer Fünf-Zentner-Gabe aus dem Vollen schöpfen dürfen — aktiv schaffen und sichtbar „gewinnen". Und uns bleibt nur noch der *eine* Zentner der Gnade Gottes in Christo Jesu, den Gott in seinem Erbarmen *allen* Menschen, auch den Elendesten und Schwächsten geben möchte. Was aber machen viele Menschen aus diesem einen Zentner? Nicht selten, was der „Schalk" im Knechtegleichnis tut. Er philosophiert über seinen Herrn und stellt fest, daß dieser ein „harter Mann" sei, obschon er ihm das Zentner-Gold des Heils ins Leben schenkt. Der Mensch wird unzufrieden mit Gott, vergräbt das angebotene Heilsgeschenk undankbar in die Tiefe der Erde, um es nicht mehr vor Augen zu haben. Und wenn dieses Leben mit den versenkten Gütern des Heils vorüber ist, gibt er dem Herrn den Zentner zurück und glaubt mit dem Schalksknecht sagen zu dürfen:

> „Herr, ich wußte, daß du ein harter Mann bist; du schneidest, wo du nicht gesät hast, und sammelst, da du nicht gestreut hast; und fürchtete mich, ging hin und verbarg deinen Zentner in die Erde. Siehe, da hast du das Deine" (V. 24. 25).

Sind nicht selbst dem bewußten Christen solche Stunden bekannt, wo ihm der *eine Zentner* unseres Gottes nichts mehr wert sein wollte? Vielleicht sind ihm die Versuchungen der Welt gefährlich geworden oder auch ein besonderes Leid hat ihn getroffen. Er möchte nun am liebsten auf alles verzichten und sein Leben nur noch für sich selbst leben. Man nennt Gott einen „harten Mann" und hat ihm das Wichtigste vorenthalten, nämlich das Leben selbst, das er auf Golgatha erworben hat, das ihm gehört — das ihm auch dort zu *ganzer* Verfügung stehen müßte, wo einer nicht, wie die anderen, mit den fünf Zentnern versehen ist, wo Zwangsopfer des

Leides, der Beschränkung und der Tränen von ihm gefordert werden. Es braucht gewiß nicht übersehen zu werden, daß wir in der Regel dasjenige Leben leichter empfinden, das in aktiver Vollkraft den Willen Gottes *tun* darf, als wenn wir an der Kette liegen und den Willen Gottes *passiv erleiden* sollen. Und doch dürfte keiner über dem Geheimnis einer besonderen Führung seines Lebens die an Bedeutung alles überragende Gabe vergrämt in die Erde versinken lassen. Keiner dürfte es aus den Augen verlieren, daß Gott ihn teuer erkauft hat mit der Gabe aller Gaben, mit dem Opferblut seines eingeborenen Sohnes. Hören wir es noch einmal, wie Paulus gerade aus *dieser* Gabe die absolute Verfügbarkeit Gottes über jedes Menschenleben ableitet mit den Worten: „Er ist darum für alle gestorben, auf daß die, so da leben, hinfort nicht sich selbst leben, sondern dem, der für sie gestorben und auferstanden ist" (2. Kor. 5, 15). Gott hat von diesem Geschehen her das Recht, wenn es sein soll auch in Zwangsopfern aller Art, über sein Eigentum zu verfügen. Wohl dem, der ihm das zugesteht! Und wie geschieht das? Ein weiteres Apostelwort gibt uns die Antwort: „Darum, welche da leiden nach Gottes Willen, die sollen ihm ihre Seelen befehlen, als dem treuen Schöpfer in guten Werken" (1. Petr. 4, 19). Auf diese Weise kommt die Zentnergabe des Opfers Jesu auf die „Wechselbank" und trägt auch im Leiden ihren „Zins" zur Ehre seines Namens. Die Opfer werden dann nicht mehr stöhnende Opfer sein, denn stöhnende Opfer sind befleckt. Über einem Opferleben der „Freude und des Friedens" steht die Verheißung, daß es „Gott gefällig und den Menschen wert sei" (Röm. 14, 17 f.). Was aber hört der *böse* Knecht?

> „Du Schalk und fauler Knecht! wußtest du, daß ich schneide, da ich nicht gesät habe, und sammle, da ich nicht gestreut habe, so solltest du mein Geld zu den Wechslern getan haben, und wenn ich gekommen wäre, hätte ich das Meine zu mir genommen mit Zinsen" (V. 26. 27).

Mögen die zwei ersten Knechte die empfangene Gabe in „größerem Vermögen" verwaltet haben, als er es besaß. Daß ihm aber derselbe Zentner aus den Gütern seines Herrn verfügbar war, wie den anderen, hatte ihn genauso in die Entscheidung gerufen, wie die anderen. Niemand konnte ihm die Gabe seines Herrn entziehen. Nur er selbst hat sie verachtet und sich mit dem empfangenen einen Zentner der Verfügbarkeit seines Herrn entzogen. So aber wird jeder zum „Schalk und faulen Knecht", und im Gericht wird ihm die Gabe seines Herrn, das Zentnergold des Heils, genommen werden. Der Richtspruch des Herrn lautet:

> „Darum nehmet von ihm den Zentner und gebt es dem, der zehn Zentner hat. Denn wer da hat, dem wird gegeben werden, und er wird die Fülle haben; wer aber nicht hat, dem wird auch, was er hat, genommen werden. Und den unnützen Knecht werft in die Finsternis hinaus; da wird sein Heulen und Zähneklappen" (V. 28—30).

Das Knechtegleichnis zum Nachdenken zusammengefaßt

Nie wäre dem unnützen Knecht im Gericht die Gabe seines Herrn genommen worden, wenn er sie einst *mit dem Herzen* ergriffen hätte. Das „Zwangsopfer" der nur *einen* Gabe hätte ihn, auch den „Begabteren" gegenüber, nicht in Nachteil gebracht. Die zwei „frommen und getreuen" Knechte haben nicht mehr getan als das, wozu auch der Schalksknecht berufen und befähigt war. Sie hatten das von ihrem Herrn Empfangene getreulich eingesetzt nach dem Maß des ihnen Möglichen. — Das war alles! — Der fünf Zentner empfangen hatte, vermochte fünf weitere Zentner einzubringen. Der zwei Zentner empfangen hatte, brachte im selben Maß *seiner* Möglichkeiten zwei Zentner hinzu. Wer aber das Heil Gottes, den *einen* Zentner, empfing, ist auch nur für seinen einen Zentner verantwortlich. Es gibt *aktive* Frucht im Tatzeugnis des Christen, es gibt auch *passive* Frucht in leidenswilliger Verfügbarkeit für Gott. Wer will darüber entscheiden, was das größere ist? Wer berufen ist zur *passiven* Fruchtbarkeit, braucht nichts anderes zu tun als die Gabe des Heils bewußt zu empfangen, wie die anderen und ebenfalls gleich den anderen mit seinem Herzen beim Herrn zu bleiben. „Wer in mir bleibt und ich in ihm, der bringt viele Frucht", sagt unser Herr (Joh. 15, 5 b). Wo Gott über ein mit seinem Heil beschenktes Leben verfügt, trägt auch der *eine* Zentner reiche Frucht. Kann es nicht ein „Aktiv-Zentner" frohen Schaffens sein, so mag das begnadete Leben einer Leidensführung auf die Wechselbank geduldiger Ergebung gelegt und zum Opfer gebracht werden. So trägt auch der passiv verwaltete Gnadenzentner einen gottgeweihten *„Zins"* zur Ehre Gottes. Der gefangene und nun passiv gewordene Paulus spricht aus seiner Leidenssituation in Rom heraus: „Und ob ich geopfert werde über dem Opfer und Gottesdienst eures Glaubens, so freue ich mich und freue mich mit euch allen. Dessen sollt ihr euch auch freuen und sollt euch mit mir freuen" (Phil. 2, 17 f.). In Summa: Wie groß legt der Herr das Leben seiner Leute an! Er verfügt über sein Eigentum in freier Entscheidung. Er, der mich mit dem Zentner des Heils beschenkt hat, darf nun alles nehmen, was mein ist. Er hat auch das Recht, meine Erdenzeit und meine Sterbestunde frei zu bestimmen, wann und wo er will. Das Herz darf in jedem Fall — im Schaffen wie auch im Leiden — bei Jesus sein.

So erwächst aus dem „Zentner" der Gabe und Gnade Gottes ein Leben, das im Zeugnis des Wortes und der Tat und — so Gott es fügt — auch im Leiden ein Segen ist. Ein solches Leben reift in lebendiger Hoffnung dem Tag der Herrlichkeit entgegen. Dort aber wird sein Herr ihm sagen:

> „Ei, du frommer und getreuer Knecht, du bist über wenigem getreu gewesen, ich will dich über viel setzen; gehe ein zu deines Herrn Freude!" (V. 21. 23).

Die kommende Welt am Jüngsten Tage

"Wenn aber des Menschen Sohn kommen wird in seiner Herrlichkeit und alle heiligen Engel mit ihm, dann wird er sitzen auf dem Thron seiner Herrlichkeit, und werden vor ihm alle Völker versammelt werden. Und er wird sie voneinander scheiden, gleich als ein Hirte die Schafe von den Böcken scheidet, und wird die Schafe zu seiner Rechten stellen und die Böcke zur Linken" (Matth. 25, 31—33).

Der Geschichtsprozeß der Erde und ihrer Völker mündet in den Ewigkeitsernst des Jüngsten Tages ein. Die Zukunft der Welt gehört nur Gott und seiner Herrschaft. Auch der einzelne Mensch hat teil am Jüngsten Tag. Jeder! Das ist die deutliche Lehre der Heiligen Schrift. Wer dieses als letzte Wirklichkeit seines Lebens und der Geschichtswelt vor Augen hat, wird schnell begreifen, warum sich die Bibel um die Rettung der Welt vom ewigen Verderben so viel Mühe gibt. Jeder Mensch, wenn er in rechter Bereitschaft dem Herrn entgegengehen will, muß auf den "Jüngsten Tag" vorbereitet werden. Er wird einsehen müssen, warum es nur *eine* Möglichkeit gibt, den kommenden Tag zu bestehen: Das Ergreifen der göttlichen Gnade in einer grundstürzenden Buße vor dem für uns gekreuzigten und auferstandenen Herrn und im Glauben an das Evangelium. Er allein ist imstande, Sünder selig zu machen. Keine anderen Maßnahmen als die im Evangelium gebotene Umkehr zu Gott, lassen den Menschen gerüstet sein auf den Jüngsten Tag. Die zwei ersten der drei Scheidungsbotschaften des 25. Kapitels im Matthäusevangelium haben uns das in schneidendem Ernst gesagt. Dem Jüngsten Tag, der gewisser ist als der Tod, kann keiner entrinnen und nur der wahre Christ wird ihn bestehen. Allein die klare, entscheidende Verbindung des Herzens mit dem Bräutigam führt zur hochzeitlichen Freude der lichten Herrlichkeit. Wer Christus mit dem Zeugnis des Mundes und der Tat bekennt, den wird auch er an jenem Tage bekennen vor seinem himmlischen Vater (Matth. 10, 32). Mit seinem Jungfrauengleichnis und dem Knechtegleichnis hat uns Jesus das alles sehr deutlich gemacht. Der große Seelsorger hat uns an die Hand genommen und uns mit diesen Erkenntnissen ins Licht der großen Scheidung gestellt.

Der Jüngste Tag und die Völkergeschichte

Die dritte Scheidungsbotschaft der großen Parusierede Jesu stellt nun die Endzeitgeneration der ganzen Völkerwelt vor den kommenden Weltenrichter. Diese Generation hat die Schwere letztzeitlicher Gerichte erlebt, wie kein Geschlecht zuvor. Die Menschen dieser Zeit sind, mit dem Spezialvolk Israel an der Spitze, durch die Wehen der „Großen Trübsal" gegangen. Die Posaunen-, Donner- und Zornschalengerichte sind über sie hinweggebraust. Sie haben die richterlichen Folgen des Antichristentums und ein großes Sterben miterlebt. Unter dem Toben der endzeitlichen Vorgerichte und dem wutentbrannten Zähneknirschen der dämonischen Welt, war es zu den letzten Konstruktionen der Finsternis und ihrer boshaften Mächte gekommen. Der letzte Weltstaat, das antichristliche Reich, stand unter dem machtvollen Einfluß der geweissagten, satanischen Dreieinigkeit „Drache, Tier und Hure" (Offb. 13—18). Die Divisionen der antichristlichen Heeresmassen, die sich aus allen Völkern und Rassen formierten, waren gegen das Land der Heilsgeschichte, gegen Israel, marschiert, das, gemäß seiner ihm weithin selbst noch unbewußten Neuberufung, im Land der Väter versammelt wird. Dieses Volk hat, vor allem in seinen schriftgläubigen Auserwählten, begonnen, die letzte Versichtbarung der Offenbarung Gottes in Jesus Christus in der heutigen Geschichtswelt zu sein. Nun kommt es zu einer letzten Schlacht zwischen den Trägern der Gottesoffenbarung und den zornigen Nationen des Antichristentums. „Und die Heiden (Nationen) sind zornig geworden und es ist gekommen dein Zorn und die Zeit . . . zu richten" (Offb. 11, 18). Der militärische Aufmarsch und Zusammenprall der Völkermassen findet an jenem Treffpunkt statt, den die Prophetie mit dem geographischen Decknamen „Harmagedon" bezeichnet. „Und er hat sie versammelt an einen Ort, der da heißt auf hebräisch Harmagedon" (Offb. 16, 16). Viele Ausleger verstehen darunter die etwa 40 Kilometer lange und 15 Kilometer breite Ebene Jesreel bei Megiddo südöstlich des Karmelgebirges. Im alten Israel geschah dort eine mächtige Entscheidungsschlacht, die Israel unter einem besonderen Eingreifen Gottes vom Himmel her gewonnen hat. Die Prophetin Debora hat sie in einem Triumphlied besungen. Des in Richter 5, 19. 20 in diesem Lied besonders hervorgehobenen Eingreifens Gottes wegen, halten einige Ausleger diese Schlacht für eine prophetische Parallele zur endzeitlichen „Messiasschlacht" (Menge) bei Harmagedon. Dort heißt es: „Die Könige kamen und stritten; da stritten die Könige der Kanaaniter zu Thaanach am Wasser Megiddos; aber sie brachten keinen Gewinn davon. Vom Himmel ward wider sie gestritten; die Sterne (Engel?) in ihren Bahnen stritten wider Sisera."

Das Lied der Debora schließt mit den ebenfalls prophetisch zu verstehenden Worten: „Also müssen umkommen, Herr, alle deine Feinde! Die ihn aber liebhaben, müssen sein, wie die Sonne aufgeht in ihrer Macht!" (Richt. 5, 31).

Der endzeitliche Marsch der Völkerheere unter ihren antichristlichen Führungsstäben geht gegen das eingeschlossene Jerusalem. Satans letzter Versuch der Ausschaltung Gottes und der Vernichtung seines Christuswerkes scheint zu gelingen. Jerusalem steht im Zeichen des „Greuels der Verwüstung", von dem die Parusierede des Herrn in Kapitel 24, 15 spricht. Die Atmosphäre ist geladen mit der Schwüle eines letzten Weltgewitters, mit dem unser Zeitalter zu Ende gehen wird. Die Wolken des weltgeschichtlichen Himmels brauen sich über dem Heiligen Lande zu schauerlicher Schwärze zusammen. Jerusalem scheint verloren. Da geschieht das Unerhörte. Wie von tausend Blitzen zerteilt, öffnet sich die ewige Welt. Die Wolken zerreißen und das „Zeichen des Menschensohnes" erscheint am Himmel. Das Enddrama der Weltgeschichte ist gekommen. Der Prophet Sacharja beschreibt es mit folgenden Worten: „Siehe, es kommt dem Herrn die Zeit, daß man deinen Raub austeilen wird in dir. Denn ich werde alle Nationen wider Jerusalem sammeln zum Streit. Und die Stadt wird gewonnen, die Häuser geplündert und die Weiber geschändet werden; und die Hälfte der Stadt wird gefangen weggeführt werden, und das übrige Volk wird nicht aus der Stadt ausgerottet werden. Aber der Herr wird ausziehen und streiten wider diese Nationen (Luther übersetzt Heiden), gleichwie er zu streiten pflegt zur Zeit des Streites. Und seine Füße werden stehen zu der Zeit auf dem Ölberge, der vor Jerusalem liegt gegen Morgen. Und der Ölberg wird sich mitten entzweispalten, vom Aufgang bis zum Niedergang, sehr weit voneinander, daß sich eine Hälfte des Berges gegen Mitternacht und die andere gegen Mittag geben wird ... Da wird dann kommen der Herr, mein Gott, und alle Heiligen mit dir ... Und der Herr wird König sein über alle Lande. Zu der Zeit wird der Herr nur einer sein und sein Name nur einer ... Und das wird die Plage sein, damit der Herr plagen wird alle Völker so wider Jerusalem gestritten haben: ihr Fleisch wird verwesen, dieweil sie noch auf ihren Füßen stehen, und ihre Augen werden in den Löchern verwesen und ihre Zunge im Mund verwesen ... Und alle übrigen unter allen Nationen, die wider Jerusalem zogen, werden jährlich heraufkommen anzubeten den König, den Herrn Zebaoth, und zu halten das Laubhüttenfest" (Sacharja 14 im Auszug).

Das Gericht über die lebenden Völker

Und nun ist es seltsam, daß der Sohn Gottes in seinen Parusiereden aus der ergreifenden Gesamtdarstellung der letzten Weltstunde unseres Zeitalters all diese Einzelheiten nicht beschreibt, sondern nur das wenige hervorhebt, das unmittelbar mit Israel zu tun hat. So die Flucht der Auserwählten vor den antichristlichen Gewalten in die Bergung der Wüste, den Hinweis auf die Trübsal, die schwerer sein wird als irgendeine andere Gerichtsnot vergangener Zeiten, und dies alles im Zeichen „der Greuel der Verwüstung", der aufgerichtet sein wird „an heiliger Stätte". Dem Heiland scheint es für den seelsorgerischen Hauptzweck seiner Parusiereden ausreichend zu sein, daß die nach den Zeichen seiner Wiederkunft fragenden Jünger von vornherein wissen — seine Wiederkunft werde ein *Ende der Welt* sein. Denn, daß ihre Gedanken von diesem „Untergang" bewegt waren, zeigt die Formulierung der Frage, die sie an den Herrn gerichtet hatten: „Sage uns, wann wird dies geschehen? Und welches wird das Zeichen sein deiner Zukunft und des Endes der Welt?" (Matth. 24, 3). In der Tat, so lassen es die vielen einschlägigen Textstellen Alten und Neuen Testamentes deutlich werden: wenn mit der Wiederkunft Jesu der Tag des Herrn kommt, geht eine Welt unter. Nicht die Naturwelt zwar, wie wir immer wieder betonten, wohl aber die bisherige Geschichtswelt. All diese Untergangsgerichte des kommenden Tages müssen letztlich dem einen dienen, die Welt vom Bösen zu reinigen und sie auszuräumen vom Fluch ihrer ausgereiften Gottlosigkeit. „Und ich sah das Tier (Antichrist) und die Könige auf Erden und ihre Heere versammelt, Streit zu halten mit dem, der auf dem Pferde saß, und mit seinem Heer. Und das Tier ward ergriffen und mit ihm der falsche Prophet, der die Zeichen tat vor ihm, durch welche er verführte, die das Malzeichen des Tieres nahmen und die das Bild des Tieres anbeteten; lebendig wurden diese beiden in den feurigen Pfuhl geworfen, der mit Schwefel brannte. Und die andern wurden erwürgt mit dem Schwert des, der auf dem Pferde saß, das aus seinem Munde ging; und alle Vögel wurden satt von ihrem Fleisch" (Offb. 19, 19 f.). Satan wird gebunden und für tausend Jahre im Abgrund (Abyssus — nicht Hölle!) gefangen gehalten, „daß er nicht mehr verführen sollte die Heiden (Nationen), bis daß vollendet würden tausend Jahre" (Offb. 20, 1—3).

Diesem hier und an anderen Stellen prophetisch angezeigten, gewaltigen Aufräumen nun hat Jesus in Matthäus 25 die drei großen Scheidungsbotschaften angefügt. Zwei derselben haben wir besprochen. In der dritten werden die Völker geschieden in Gesegnete und Verfluchte. Die Gesegneten stellt der Weltenrichter

„zu seiner Rechten, die andern zur Linken" (V. 33).

Der Jüngste Tag und die Toten

Es fällt auf, daß nach dem vorliegenden Textzeugnis von einer Auferstehung der Toten zum Völkergericht in Matthäus 25 nicht die Rede ist. Man könnte zwar in Ergänzung der Parusierede an die Offenbarung Johannes erinnern, wo in unmittelbarer Verbindung mit der Erscheinung des Herrn, und damit also *vor* Beginn des Tausendjährigen Reiches, der Apostel Johannes eine Totenauferstehung sieht. Diese Auferstehung jedoch wird sofort von der Auferstehung aller zum Weltgericht unterschieden. Es sind die Toten der „ersten Auferstehung". Sie aber werden beim Völkergericht von Matthäus 25 nicht mitgerichtet. Vielmehr sitzen sie — *als Mitrichtende* — mit Jesus auf dem Thron. „Und ich sah Stühle (Throne wörtlich), und sie setzten sich darauf, und *ihnen ward gegeben das Gericht;* und die Seelen derer, die enthauptet sind um des Zeugnisses Jesu und um des Wortes Gottes willen, und die nicht angebetet hatten das Tier noch sein Bild und nicht genommen hatten sein Malzeichen an ihre Stirn und auf ihre Hand, diese lebten und *regierten mit Christo* tausend Jahre. Die andern Toten aber wurden nicht wieder lebendig, bis daß tausend Jahre vollendet wurden. Dies ist die erste Auferstehung" (Offb. 20, 4 f.)

Das damit zitierte Kapitel 20 der Offenbarung ist übrigens für die Erkenntnis des Jüngsten Tages von höchster Bedeutung. Mit seinen 15 Versen ist es eingebaut zwischen die prophetische Schilderung der Wiederkunft Christi (Offb. 19, 11—21) und der Schlußproklamation der Heiligen Schrift vom neuen Himmel und der neuen Erde (Kap. 21 und 22). Offb. 20, als prophetisches Zwischenstück, gibt eine Gesamtübersicht über den Jüngsten Tag. In Harmonie mit einer Reihe anderer Schrifttexte wird hier eindeutig klar, daß der Jüngste Tag zwar mit der Wiederkunft Christi unmittelbar verbunden ist, daß er aber über den Akt der Wiederkunft hinaus ein ganzes Zeitalter umfaßt. Dieses Zeitalter wird seiner in Offenbarung 20 sechsmal angezeigten Dauer wegen das „Tausendjährige Reich" oder das „Millenium" genannt. Während dieser Zeit hat Christus mit seinen Getreuen die Zügel der Weltregierung in Händen — richtend und segnend.

Davon sprechen die oben zitierten Verse aus dem Eingang von Offenbarung 20. Wenn nun das „Apostolikum", das älteste Glaubensbekenntnis der Christenheit, bekennt: „von dannen er kommen wird, zu richten die Lebendigen *und die Toten"*, so trifft der Nachsatz „und die Toten" zunächst nur auf einen Teil des Jüngsten Tages zu. Wir wiederholen: Was in den „Frühstunden" des Jüngsten Tages zur Auferstehung kommt, sind die zur Entrückung erweckten „Toten in Christo", wie das in 1. Thessalonicher 4, 13—18 und an anderer Stelle geweissagt wird, und die Märtyrer der Großen Trübsal, was aus Offenbarung 20, 4 hervorgeht. Dann aber heißt es deutlich: Die *„anderen* Toten" (also die Massen der früheren Menschheitsgenerationen), wurden nicht wieder lebendig, bis daß tausend Jahre vollendet wurden" (Offb. 20, 5). So ist die Notwendigkeit einer Unterscheidung zwischen zwei verschiedenen Menschheitsgerichten am Jüngsten Tag, schon von der Zeitverschiedenheit dieser beiden Auferstehungen her, geboten. Wo das Apostolikum den wuchtigen Satz ausspricht: „von dannen er kommen wird, zu richten die Lebendigen und die Totetn", haben wir folglich zumindest an zwei Gerichte zu denken. Am deutlichsten ergeben sich die genannten Unterschiede zwischen den zwei Gerichtszeiten des Jüngsten Tages dann, wenn wir Offenbarung 20 zu Ende lesen. Das allgemeine Weltgericht *über Lebendige und Tote* wird hier in aller Deutlichkeit als tausend Jahre *nach* der Wiederkunft Christi gelehrt. Hören wir, was der 7. Vers sagt! „Und wenn tausend Jahre vollendet sind, wird der Satanas los werden aus seinem Gefängnis." Anschließend an diese schwerwiegende Aussage wird dann bezeugt, was die entsetzlichen Folgen dieser Loslassung sein werden, nämlich die abermalige Verführung der Menschheitsmassen — die doch die tausendjährigen Segnungen des messianischen Friedensreiches erlebt hatten! — zum Aufruhr gegen Gott. Damit aber ist das Fanal zum *Endgericht* gegeben. Als erstes wird Satan ins „ewige Feuer" geworfen. Sodann fährt Offenbarung 20 im 11. Vers fort: „Und ich sah einen großen weißen Thron und den, der darauf saß; vor des Angesicht floh die Erde und der Himmel, und ihnen ward keine Stätte gefunden. Und ich sah die Toten, beide, groß und klein, stehen vor Gott..." (V. 11 u. 12).

Bei diesem großen und allgemeinen Weltgericht über Satan, Erde und Himmel, sowie „über Lebendige und Tote" in den „Spätstunden des Jüngsten Tages" kommt nun freilich Christus nicht abermals auf die Erde zurück. Auf ihr hatte er ja während der tausend Jahre seines Friedensreiches geherrscht. Auch der nun aufzurichtende „Große weiße Thron" wird (im Unterschied zum „Thron seiner Herrlichkeit") nicht auf der Erde stehen. Der Thron seiner Herrlichkeit, vor dem die Völker zu Beginn des Tausendjährigen Reiches versammelt werden, soll nach Joel 4, 2 im Tale Josaphat errichtet werden. Der „Große weiße Thron" aber *kann* gar nicht auf der Erde stehen, da ja die Erde selbst Gerichtsobjekt sein wird und im Feuerbrand „floh vor dem Angesicht des, der auf dem Throne saß" (Offb. 20, 11). Auch die Namen, die den beiden Gerichtsthronen gegeben werden, sind — wie bereits festgestellt — verschieden. Wird der Thron, vor dem die lebenden Völker bei Christi Wiederkunft versammelt werden, „Thron seiner Herrlichkeit" genannt, so der Thron des Endgerichtes der „Große weiße Thron" (vgl. Matth. 25, 31 mit Offb. 20, 11).

Die drei Gerichte des Jüngsten Tages

Dr. Billy Graham, dessen Schrift „Welt in Flammen" wir bereits im Vorwort zitiert haben, sagt auf Seite 185 seines Buches: „Im Gegensatz zu der weitverbreiteten Ansicht weiß die Bibel nichts von einem allgemeinen Weltgericht, in dem alle Menschen zur gleichen Zeit vor Gott erscheinen. Die Bibel nennt verschiedene Gerichte. Es gibt ein Gericht der Gerechten vor dem Richtstuhl Christi (2. Kor. 5, 10). Dann gibt es das Gericht der Völker (Matth. 25, 31—46). Dann gibt es noch ein Gericht für die sündigen Toten vor dem großen weißen Thron (Offb. 20, 11—13). Diese Gerichte über verschiedene Menschen zu verschiedenen Zeiten und für verschiedene Zwecke bilden zusammen das Bild des Gerichts, wie es in den prophetischen Schriften enthüllt wird."

Wir stimmen hier mit Dr. Billy Graham völlig überein und unterscheiden mit ihm auf Grund der Weissagung drei Gerichte am Jüngsten Tag:

Der Richterstuhl Christi

Aufs erste haben wir an das Gericht zu denken, von dem Paulus in 2. Korinther 5, 10 an die Korinther schreibt: „Wir müssen alle offenbar werden vor dem Richtstuhl Christi, auf daß ein jeglicher empfange nach dem er gehandelt hat bei Leibesleben, es sei gut oder böse."

Daß wir es in diesem Gericht nicht etwa mit einem der zwei Menschheitsgerichte am Anfang und am Ende des Jüngsten Tages zu tun haben, geht allein schon aus der Tatsache hervor, daß ja in diesen beiden Menschheitsgerichten die Gläubigen auf Thronen bereits die *Mitrichter* des Weltenrichters sind. Paulus spricht davon, wenn er die korinthischen Gläubigen mit 1. Korinther 6, 2 an ihr künftiges Richteramt erinnert und sie fragt: „Wisset ihr nicht, daß die Heiligen die Welt richten werden ... Wisset ihr nicht, daß wir über die Engel richten werden?" Den Überwindern in Laodizäa wird die Verheißung gegeben: „Wer überwindet, dem will ich geben, mit mir auf meinem Stuhl (Thron) zu sitzen, wie ich überwunden habe und mich gesetzt mit meinem Vater auf seinen Stuhl (Thron)" (Offb. 3, 21).

Dennoch werden die einstigen Mitrichter der Welt zuvor selbst gerichtet. Doch geht es beim Gericht der Gläubigen, also bei dem Gericht vor dem „Richterstuhl Christi", um andere Prinzipien als in den beiden Menschheitsgerichten. Es geht hier bestimmt nicht um die Frage, ob die Gerichteten selig werden oder verloren sind. Diese Frage ist für die wahrhaft Gläubigen schon auf Erden entschieden worden, nämlich dort, wo sie sich als „Kinder des Zorns", die sie auch einmal waren, in Buße und Glauben für ihren Erlöser entschieden und sich damit zu ihrem auf Golgatha stellvertretend für sie vollzogenen Gerichts- und Todesurteil bekannt haben. Worum aber geht es bei ihrem Gerichtetwerden? Es geht um die freilich durchaus ernste Frage der Nachfolge Christi und um das Maß der Treue, mit dem sie auf Erden ihrem Herrn nachgefolgt sind. Man lese dazu die diesbezüglichen Stellen des Neuen Testamentes! Wir nennen im folgenden die hauptsächlichsten unter ihnen: 1. Korinther 3, 11—15; 1. Korinther 15, 41 f.; Galater 6, 7 f.; Epheser 6, 8; Kolosser 3, 24; Offenbarung 2, 23. Alle diese Texte sagen es mit großer Eindrücklichkeit, daß vor dem „Richterstuhl Christi" der Lohn der Treue ausgeteilt wird. Demgemäß werden dort auch Stufen von Herrlichkeit unterschieden werden und nicht alle dasselbe Maß von Herrlichkeit erlangen.

Der bekannte Liederdichter *Philipp Friedrich Hiller* meint diese unterschiedenen Herrlichkeitsgrade der Ewigkeit, wenn er in einem seiner Lieder sagt: „In der selgen Ewigkeit gibt's verschiedene Stufen derer, die Gott aus der Zeit zu sich heimgerufen. Alle gehn in Klarheit ein, alle sind im Frieden, und sind, wie der Sterne Schein, dennoch unterschieden." Biblisch wird diese Unterscheidung besonders stark mit der Weissagung des Apostels in 1. Korinther 15, 41 ff. herausgestellt. Paulus sagt dort: „Eine andere Klarheit hat die Sonne, eine andere Klarheit hat der Mond, eine andere Klarheit haben die Sterne; denn ein Stern übertrifft den andern an Klarheit. Also auch die Auferstehung der Toten." Wir verweisen in diesem Zusammenhang auf unser heilsgeschichtliches Hauptwerk[12]. Dort sind wir, auf Seite 151 bis 155, der biblischen Lehre über den Richterstuhl Christi, besonders aber über den Maßstab und das Ergebnis dieses Gerichtes, ausführlich nachgegangen.

Wie ernst Gerichte im Raum der Glaubensgemeinde zu nehmen sind, ist uns schon bei den Ausführungen über die zwei ersten Scheidungsbotschaften der großen Parusierede unseres Herrn in Matthäus 25, 1—30 klar geworden.

Freilich dürfen diese beiden Gleichnisse, das Jungfrauengleichnis und das Knechtegleichnis, nicht ohne weiteres mit dem Gericht über die Gemeinde Jesu vor dem Richterstuhl Christi gleichgesetzt werden. Vor dem Richterstuhl Christi werden nur die von neuem geborenen Menschen, und damit die *wirklichen* Glieder der Gemeinde Jesu stehen. Auch wenn sie im Gericht nach dem Maß ihrer Treue in verschiedene Grade der Herrlichkeit eingestuft werden, so werden sie doch nicht, wie es bei den „zehn Jungfrauen" und den „drei Knechten" der Fall ist, voneinander geschieden werden. Dieser Tatbestand allein schon unterstreicht es, daß es im Falle der genannten zwei Scheidungsgleichnisse nicht um die wahre Gemeinde Jesu gehen kann, sondern um jene endzeitliche Reichgottesgeschichte, wie sie sich im Gefäß ihrer irdischen Erscheinungsformen darstellt in Kirchen, Freikirchen, Gemeinschaften und christlichen Vereinigungen aller Art. Dort befindet sich überall und zu allen Zeiten das Unkraut unter dem Weizen, das nach Matthäus 13, 30 erst „zur Zeit der Ernte" endgültig vom Weizen geschieden wird. Siehe auch Matthäus 13, 49! Daß außerdem bei der Auslegung der Scheidungsgleichnisse (Jungfrauen und Knechte) sehr wohl auch an Israels endzeitliche Neuberufung zu denken ist, haben wir bereits bei unseren früheren Erörterungen in Betracht gezogen.

Vor allem aber muß der Richterstuhl Christi klar unterschieden werden von dem Völkergericht, das mit dem Schluß der großen Parusierede Jesu in Matthäus 25, 31 ff. geschildert wird.

---

12 *Fritz Hubmer, Weltreich und Gottesreich in Prophetie und Erfüllung.* 5. Auflage. Hänssler-Verlag, Neuhausen-Stuttgart.

Dieses vollzieht sich, wie wir dem Bibeltext deutlich entnehmen können, an den nach der Wiederkunft Christi noch vorhandenen Völkern der Erde.

Machen wir uns noch einmal klar, daß die zur „Entrückung" und die zur „ersten Auferstehung" gelangten Heiligen als Mitrichter des Weltenherrn mit ihm erscheinen sollen in Herrlichkeit (2. Thess. 1, 10; Kol. 3, 4 u. a.), dann ergibt sich daraus auch ebenso klar, daß die beim Völkergericht des wiederkommenden Herrn zu seiner Rechten stehenden „Gerechten" nicht die Glieder der Gemeinde Jesu sein können. Wir wiederholen: Beim Völkergericht werden nichts als die *noch lebenden* Völkerschaften und ihre Bürger gerichtet. Und zwar unter der Gerichtsbarkeit Jesu und seiner mitrichtenden Gemeinde. Dabei geht es auch im Gericht über die lebenden Völker und denen, die zur „Rechten" stehen werden, nicht um die Frage ihrer ewigen Errettung, als vielmehr darum, daß die zur Rechten stehenden in die Segnungen des neuen Zeitalters kommen und die „zur Linken" davon ausgeschlossen werden. Damit haben wir uns nun im folgenden unserer Abhandlung noch zu befassen.

Zur Unterscheidung der zwei Menschheitsgerichte

Erich Sauer († 1959) galt als ein besonders begnadeter Kenner der heilsgeschichtlichen Zusammenhänge der Heiligen Schrift. In seinem Buch „Der Triumph des Gekreuzigten" faßt er auf Seite 148 in guter Übersicht die charakteristischen Unterscheidungsmerkmale zwischen dem Völkergericht bei der Wiederkunft Christi und dem totalen Weltgericht nach dem Tausendjährigen Reich zusammen. Er sagt dort:

„Der Sohn des Menschen wird sitzen auf seinem Throne der Herrlichkeit und richten alle Nationen der Erde. Sie alle werden vor ihm versammelt sein, und er wird sie voneinander scheiden, gleichwie ein Hirt die Schafe scheidet von den Böcken (Matth. 25, 31 f.). Die einen werden eingehen in das ewige Verderben, die andern in das ‚Reich, das ihnen bereitet ist von Grundlegung der Welt an' (V. 34 u. 46). Dies ist das große Völkergericht am *Anfang* des Tausendjährigen Reiches (Matth.

25, 31—46; Dan. 7, 9—14; Offb. 20, 4). Es ist sehr wohl zu unterscheiden von dem Endgericht vor dem Großen weißen Thron (Offb. 20, 11—15).

1. *Der Ort:* Es findet nicht nach dem *Untergang* der alten Erde (Offb. 20, 11), sondern auf dem *Boden* der alten Erde statt, nämlich im Tal Josaphat (Joel 4, 12; Matth. 25, 31).

2. *Die Zeit:* Es wird nicht erst nach dem *Ende*, sondern schon zu *Beginn* des irdischen Herrlichkeitsreiches abgehalten (Offb. 20, 11, vgl. 7—10; Matth. 25, 31).

3. *Die Personen:* Es richtet nicht die ‚Toten‘, das heißt, die in der zweiten Auferstehung Lebendig-gemachten (Offb. 20, 12 f.), sondern die dann Lebenden und aus den Gerichtskatastrophen ohne Tod und Auferstehung Übriggebliebenen (Matth. 25, 32).

4. *Die Entscheidung:* Es handelt sich nicht um die Frage: Verderben oder allein ewiges, himmlisches Reich (vgl. 2. Tim. 4, 18), sondern um die Frage: Verderben oder zunächst irdisches Herrlichkeitsreich (Matth. 25, 34 u. 46)."

Der Gerichtsmaßstab beim Völkergericht

Wir merken: diese von Erich Sauer herausgestellten Unterschiede der beiden Menschheitsgerichte dürfen nicht durcheinandergebracht werden. Wer sich über das Völkergericht orientieren will, muß dies in Matthäus 25, 31 ff. tun. Er darf es nicht mit Offenbarung 20, 11 ff., der Lehre vom totalen Weltgericht, in Übereinstimmung bringen wollen. Erstens gibt es keine Übereinstimmung zwischen den beiden Texten. Und zweitens kommt der, der es dennoch versucht, unweigerlich zu falschen Lehraussagen, zum Beispiel zu der antichristlich unterwanderten Aussage: Mitmenschlichkeit sei der Weg zur Seligkeit.

Hochbedeutsam ist dabei vor allem der von Erich Sauer unter *Punkt 4* herausgestellte Gesichtspunkt. Bei der Entscheidung vor dem Völkergericht handelt es sich nicht um die Frage: „Verderben oder allein ewiges, himmlisches Reich, sondern um die Frage: Verderben oder zunächst irdisches Herrlichkeitsreich." Beim totalen Weltgericht am Ende des Tausendjährigen Reiches hingegen geht es eindeutig um die Frage, ob selig oder verloren. Darum ist auch der Gerichtsmaßstab zwischen beiden Gerichten ein anderer. Während beim allgemeinen Weltgericht über Tote und Lebendige die Werke der Menschen zwar keineswegs außer Betracht bleiben, fällt doch die letzte Entscheidung nicht bei den Werken, sondern im „Buch des Lebens". „Die Toten wurden gerichtet, ein jeglicher nach seinen Werken, und *so jemand nicht ward gefunden geschrieben im Buch des Lebens,* der ward geworfen in den feurigen Pfuhl" heißt es in Offenbarung 20, 13b und 15. Beim Völkergericht hingegen wird vom „Buch des Lebens" nicht geredet. Den Völkern und ihren Bürgern, soweit sie „zur Rechten des Königs" stehen, wird vielmehr gesagt:

> „Kommt her, ihr Gesegneten meines Vaters, *ererbt das Reich,* das euch bereitet ist von Anbeginn der Welt! Denn ich bin hungrig gewesen, und ihr habt mich gespeist. Ich bin durstig gewesen, und ihr habt mich getränkt. Ich bin ein Gast gewesen, und ihr habt mich beherbergt. Ich bin nackt gewesen, und ihr habt mich bekleidet. Ich bin krank gewesen, und ihr habt mich besucht. Ich bin gefangen gewesen, und ihr seid zu mir gekommen" (V. 34—36).

Da reagieren die Gesegneten zur Rechten des Weltenrichters mit der erstaunten Frage:

> „Herr, wann haben wir dich hungrig gesehen und haben dich gespeist, oder durstig, und haben dich getränkt? Wann haben wir dich als einen Gast gesehen und beherbergt, oder nackt und haben dich bekleidet? Wann haben wir dich krank oder gefangen gesehen und sind zu dir gekommen?" (V. 37—39).

Die Antwort des Königs lautet:

> „Wahrlich, ich sage euch: Was ihr getan habt einem unter diesen meinen geringsten Brüdern, das habt ihr mir getan" (V. 40).

Nach demselben Maßstab werden die „zur Linken des Königs" gerichtet: Der König hält ihnen vor, daß er hungrig, durstig, ein Gast, nackt, krank und gefangen gewesen war, und sie haben ihm nicht gedient. Auf die Frage der zur Linken Stehenden, wann sie ihm in dieser Gestalt begegnet seien und ihm nicht gedient hätten, bekommen sie dieselbe Antwort, wie der König — der Weltenrichter — sie denen zu seiner Rechten gegeben hatte, nur mit dem umgekehrten Vorzeichen:

> „Wahrlich, ich sage euch: Was ihr *nicht* getan habt einem unter diesen Geringsten, das habt ihr mir auch nicht getan."

Nun sind sie die „Verfluchten", die von ihm weggewiesen werden in das ewige Feuer (V. 41 u. 46)[13].

Begründung dieses Maßstabs

Mit dem Gerichtsmaßstab des Völkergerichtes begegnet uns hier in einer geradezu unheimlichen Prägnanz das vielleicht überraschendste Merkmal dieses Nationen- oder Völkergerichtes. Wie schon bemerkt, entscheidet sich Teilnahme am Königreich Christi oder Ausschluß aus demselben nicht am „Lebensbuch", sondern am Verhalten der endzeitlichen Völker und ihrer Bürger zu den *Trägern der Gottesoffenbarung* in Christo Jesu. Er selbst nennt sie „seine geringsten Brüder". Sie sind und waren ja, wie wir wissen, in beiden Glaubensräumen der Endzeit zu finden, in der Glaubensgemeinde aus der Nationenwelt ebenso, wie unter den Glaubenden in Israel. Wie aber haben wir uns nun diesen Maßstab und die ihm entsprechenden Urteile beim Völkergericht zu erklären? Zur Antwort müssen wir etwas ausholen.

Die Menschheit stand während der Endzeit mehr als zu einer

---

13 Dieses überraschend harte Gerichtsurteil für die Abgewiesenen muß wohl als ein Vorausspruch für die kommende Ewigkeit der zur Linken Stehenden verstanden werden. Denn wenn sie (nach der Jenseitslehre der Schrift) nun auch die tausend Jahre bis zur Auferstehung des Leibes noch im *Warteraum des Scheols* (Totenreich) zu verbringen haben, so ist eben auch dieses schon ein „schreckliches Warten des Gerichts und Feuereifers, der die Widersacher verzehren wird", wie in Hebräer 10, 27 so erschütternd ernst gesagt wird. Es kann am Beispiel des reichen Mannes deutlich werden, daß auch die „Vorhölle" hinter dem Tod schon in der Richtung der Verdammnis liegt. Es ist der „Ort der Qual", der darum auch schon „Hölle" bedeuten kann.

anderen Stunde der Welt unter den direkten Inspirationen höllischer Mächte. Menschen gerieten in einer rapid ansteigenden Flutwelle der Finsternis als Völker und als Einzelne unter die Herrschermacht des Antichristen und seines dämonischen Gefolges. Viele Nachbeter und Anbeter des antichristlichen Regimes haben den „geringsten Brüdern" Jesu das Leben zur Qual gemacht. Sie waren die „Folterknechte" dieser geächteten Minderheit. Sie nötigten die sich zum Teil versteckt Haltenden in ein Katakombendasein mit all den damit verbundenen Nöten der Flucht, des Hungers, des Durstes, der Blöße, der Krankheit und anderer Leiden. Viele mußten ihr Haupt unter das Fallbeil der antichristlichen Schergen legen oder wurden sonstwie „liquidiert". Während dieser Zeit antwortete Gott, der Allmächtige, auf den Ausbund der endzeitlichen Gottlosigkeit pausenlos mit den schweren Gerichten der Großen Trübsal. Unter diesen Zorngerichten und beim unerwarteten Vernichtungsschlag des wiederkommenden Herrn gegen den militärischen Aufmarsch der antichristlichen Heere in Harmagedon, wurde die antichristlich verseuchte Menschheit auf einen Bruchteil ihres Bestandes reduziert. Ein großes Ausräumen ist geweissagt. Jesaja schon sieht den Tag des Herrn kommen „grausam, zornig, grimmig, das Land zu verstören und die Sünder daraus zu vertilgen" (Jes. 13, 9). Ehe die künftige Offenbarung der Herrlichkeit des Herrn auf Zion erscheint und „Lobgesänge vom Ende der Erde zu Ehren dem Gerechten" erschallen, macht der Herr „das Land leer und wüst und wirft um, was darin ist. Der Erdboden nimmt ab und verdirbt; die Höchsten des Volks im Lande nehmen ab." So schaut Jesaja den Entwicklungsgang des Letzten (Jesaja 24 im Auszug). Auch der Prophet Jeremia sieht, über die Ereignisse seiner eigenen Zeitgeschichte hinaus, den „großen Tag" kommen. Er wird sein „eine Plage von einem Volk zum andern, und ein großes Wetter wird erweckt werden aus einem fernen Lande. Da werden die Erschlagenen des Herrn zu derselben Zeit liegen von einem Ende der Erde bis ans andere Ende; sie werden nicht beklagt noch aufgehoben noch begraben werden, sondern müssen auf dem Felde liegen und zu Dung werden" (Jer. 25, 32 f.).

In Offenbarung 9, 15 spricht die Prophetie des Neuen Testamentes von der Freilassung gewaltiger Gerichtsmächte des Herrn, „die bereit waren auf die Stunde und auf den Tag und auf den Monat und auf das Jahr, daß sie töteten den dritten Teil der Menschen."

So hat vor den Augen der gerichtsreifen Menschheit das große Aufräumen begonnen und nimmt seinen Fortgang. *Nun kommt der Herr!* Das „Tier", der weltgewaltige Führer des letzten Weltreiches — der Antichrist und sein Propaganda-Chef, „der Falsche Prophet, der die Zeichen vor ihm tat, durch welche er verführte, die das Malzeichen des Tiers nahmen und die das Bild des Tieres anbeteten; lebendig wurden diese beiden in den feurigen Pfuhl geworfen, der mit Schwefel brannte. Und die anderen wurden erwürgt mit dem Schwert des, der auf dem Pferde saß, das aus seinem Munde ging; und alle Vögel wurden satt von ihrem Fleisch" (Offb. 19, 20 f.).

Da stehen nun die „Überlebenden" im Tal Josaphat vor dem Thron seiner Herrlichkeit. „Denn siehe, in den Tagen und zur selben Zeit, wann ich das Gefängnis Judas und Jerusalems wenden werde, will ich alle Heiden (Nationen) zusammenbringen und will sie ins Tal Josaphat hinabführen und will mit ihnen daselbst rechten wegen meines Volkes und meines Erbteils Israel, weil sie es unter die Heiden zerstreut und sich in mein Land geteilt und das Los um mein Volk geworfen haben . . ." (Joel 4, 1—3).

Viele stehen zur Linken, alle die gegen Gottes Offenbarung widerspenstigen „Bocksvölker" und ihre Bürgermassen. Andere stehen zur Rechten des Königs.

Noch einmal werfen wir den Blick auf sie und fragen: Wer sind diese „zur Rechten des Königs"? Die Glieder der Jesus-Christus-Gemeinde können es nicht sein. Diese befinden sich ja, nachdem sie entrückt und vollendet wurden, mit Christus auf seinem Richterstuhl (siehe Offb. 3, 21; 1. Kor. 6, 2 u. a.). Vielmehr sind es Menschen, wie die „zur Linken", aus den Völkermassen der antichristlichen Zeit. Was sie aber von denen zur Linken unterscheidet, ergibt sich aus dem Urteilsspruch, den sie empfangen. Zwar waren sie — wie es scheint — nicht stark genug, sich in den gefährlichen Jahren der antichristlichen Gewaltherrschaft öffentlich auf die Seite der Getreuen zu schlagen. Doch ahnten sie die Gefährlichkeit jener antichristlichen Geisteshaltung, von der sie sich rings umgeben sahen. Sie hatten keine Kraft zum offenen Widerspruch gegen den Blutrausch der Verfolger Jesu und seiner "geringsten Brüder". Aber sie machten im Innern nicht mit. Man mag sie, wie es ein Ausleger tut, "Christen ohne Kirche" nennen, "vielleicht aufgewachsen auf dem Hintergrund christlicher Einflüsse". Vielleicht war ein Glied der eigenen Familie — der Vater, die Mutter, ein Kind — als praktizierender Christ des Hauses ihnen zum hochaufgerichteten Zeichen der Wirklichkeit Gottes im Evangelium geworden. Diese "Christen ohne Kirche" mochten zwar das innere Nein des rebellischen Menschenherzens auch in sich spüren; aber sie unterdrückten es und rangen sich immer entschlossener zu einer wohlwollenden Haltung den "geringsten Brüdern" gegenüber durch. Sie gewannen innerste Sympathie für die Träger der Gottesoffenbarung und achteten sie. Zuletzt scheuten sie auch nicht mehr davor zurück, den Verfolgten auf alle erdenkliche Weise nahe zu sein. Waren sie auch nicht wie die "geringsten Brüder" *für* den Herrn, so waren sie doch *nicht wider ihn*. Und nun erfahren sie vor dem Thron seiner Herrlichkeit das weitgehende Maß der Milde Jesu, von dem er schon in seinen Erdentagen zu den Jüngern sagte: "Wer *nicht wider uns* ist, der ist für uns. Wer aber euch tränkt mit einem Becher Wassers in meinem Namen, darum, daß ihr Christo angehöret, wahrlich, ich sage euch: Es wird ihm nicht unvergolten bleiben" (Mark. 9, 40 f.). Das bedeutet für die davon Erreichten nicht schon, daß sie für die Ewigkeit gerettet sind; wohl aber daß sie Eingang finden ins irdisch-messianische Königreich Jesu[14].

---

14 Leider werden diese entscheidenden Faktoren bei der Auslegung meist völlig übersehen. Unter den "geringsten Brüdern" versteht man heute weithin nicht mehr die Getreuen Jesu aus dem Martyrium der Endzeit, sondern die Masse der wirtschaftlich Unterdrückten und politisch Verfehmten, oder auch anderer, die auf der Schattenseite des Lebens wohnen. Von daher ist es nur ein kleiner Schritt bis zur verkehrten Deutung derer, die "zur Rechten des Königs" stehen. Bis tief in den Raum der heutigen Theologie hinein wird dann fröhlich behauptet, der Urteilsspruch des Völkerrichters an die Gerechten: "Was ihr getan habt einem unter diesen meinen geringsten Brüdern, das habt ihr mir getan", gelte dem, der sich diesen "Geringsten" gegenüber für eine soziale Gerechtigkeit eingesetzt habe. Ob als Christ oder Mohammedaner, Buddhist oder Atheist hat dann wenig oder nichts zu bedeuten. Entscheidend ist nur, daß man sich auf die Seite der Entrechteten gestellt und ihnen Gutes getan hat.

Nein, die im Völkergericht im Tale Josaphat zur Rechten des Königs stehen, konnten gewiß nicht wider ihn sein. Sonst wäre der Segensspruch des Völkerrichters unverständlich. Sie alle wußten etwas von dem Unrecht, das immer dann geschieht, wenn dem Reiche Gottes und seiner Sache mit den Mitteln weltlicher Macht oder weltanschaulicher Toleranzbefehle widerstanden wird. Nun sollen sie eines Gerechten Lohn empfangen. So sagt es der Herr in Matthäus 10, 40—42: „Wer euch aufnimmt, der nimmt mich auf; und wer mich aufnimmt, der nimmt den auf, der mich gesandt hat. Wer einen Propheten aufnimmt in eines Propheten Namen, der wird eines Propheten Lohn empfangen. Wer einen Gerechten aufnimmt in eines Gerechten Namen, der wird eines Gerechten Lohn empfangen. Und wer dieser Geringsten einen nur mit einem Becher kalten Wassers tränkt in eines Jüngers Namen, wahrlich, ich sage euch, es wird ihm nicht unbelohnt bleiben[15]."

> Es müßte jedem vorurteilsfreien Bibelleser einsichtig sein, wie hier die bedeutsamen Worte unseres Herrn mißverstanden und gefährlich entstellt sind.
> Wenn wir in den „geringsten Brüdern" — wie es der Textzusammenhang erforderlich macht — die während der Großen Trübsal (auch nach der Entrückung der Gemeinde Jesu noch vorhandenen, aber schwer verfolgten) Zeugen Jesu verstehen, gewinnt alles ein anderes, der Wirklichkeit entsprechendes Gesicht. Dann sind die „zur Rechten des Königs" Stehenden nicht einfach die Helfer der Entrechteten und Wohltäter der vielleicht politisch Diskriminierten unter den Völkergruppen. Es sind vielmehr jene, „die aus den Gerichtskatastrophen der Trübsal ohne Tod und Auferstehung Übergebliebenen" (Erich Sauer), die der antichristliche Trend der Endzeit im Tiefsten angewidert hat. Sie standen — wenn auch im Verborgenen — den „geringsten Brüdern des Herrn" mit Versorgung des geächteten Lebens und in Sympathie für die Sache Gottes zur Seite. Die Frage der Bekehrung dieser „Gerechten" zum Gekreuzigten und ihrer Wiedergeburt aus Wasser und Geist (Joh. 3) war mit dieser ihrer Haltung noch keineswegs gelöst. Auch wer dort am Tag des Völkergerichts zur Rechten des Königs „eines Gerechten Lohn empfängt", muß — wie im weiteren auszuführen ist — durch eine klare Entscheidung für oder wider das Heil Gottes das neue Leben empfangen oder verlorengehen. Denn daß auch Bürger des kommenden Königreichs der tausend Jahre verlorengehen können, wird im folgenden noch zu besprechen sein.
>
> 15 Der heilsgeschichtliche Theologe G. Thaidigsmann stimmt mit unserer hier bezeugten Auffassung völlig überein, wenn er auf Seite 106 seines Buches „Rom, Babel, Jerusalem" sagt: „Was Seiner Gemeinde widerfährt, widerfährt Ihm. Finden Glieder Seiner Gemeinde irgendwo Eingang, dann wird Er aufgenommen (Joh. 13, 20); wird ihnen Verachtung zuteil, so fällt sie auf Ihn; jeden Dienst ihnen gegenüber, und wäre es der kleinste, lohnt Er als Ihm erwiesen; jede Mißhandlung seiner Glieder trifft Ihn.

Nun stehen sie zur Rechten des Königs — sie, die es aus der entsprechenden Gesinnung heraus unternommen hatten, in schwerster Zeit und wohl vielfach unter Gefahr für ihr eigenes Leben, die „geringsten Brüder" des Herrn zu speisen, zu tränken, zu beherbergen, sie in ihrer Blöße zu bekleiden, krank Gewordene in Barmherzigkeit zu pflegen und die von den antichristlichen Gewaltherrschern Gefangengesetzten zu besuchen und zu erquicken. Sie sind damit keineswegs — wir wiederholen — wiedergeborene Christen geworden; aber sie waren „anonyme" Segensträger der Sache Gottes. Und dies in einer Verfolgungszeit, wie sie schwerer nie zuvor über die Sache Gottes und Christi hereingebrochen ist in der Welt. Nun erlangen sie die Verheißung Jesu und empfangen eines „Gerechten Lohn". Sie nehmen teil an den Segnungen des kommenden Gottesreiches. Nur von den Menschen des Fluches, die „zur Linken" des Königs stehen, wird die Welt am Tage des Völkergerichtes gereinigt werden. Die in bewußter und gewollter Rebellion wider Gott und sein Volk Verharrenden werden in die Verdammnis gehen.

Die Zukunft dieser „Gerechten"

Diese „Gerechten" ererben als einzelne und wohl auch als ganze Völkergruppen (siehe Jes. 19, 22; Jes. 2, 3; Sach. 14, 17—19!) das Reich. Es dürfte kaum zu bezweifeln sein, daß viele unter diesen Gerechten die Ersten sein werden, die im neuen Zeitalter in echter Buße sich zu Christus bekehren und in Willigkeit ihm dienen in wahrer Hingabe des Herzens.

Der große Gotteszeuge unter den Schwabenvätern, Prälat *Albrecht Bengel*, setzte einmal jene kommenden Tage in Ver-

> Hierher gehört das Wort von der Belohnung für den Wassertrunk (Matth. 10, 42); die Frage an Saulus: warum verfolgst du Mich? (Apg. 9, 4); der Maßstab, den Er für Sein richterliches Urteil über die Glieder der Völkerwelt aufstellt (Matth. 25, 31—36): jede Freundlichkeit gegenüber Seinen Jüngern, die in der Welt überaus gering bewertet, aber Seine Brüder sind, vergilt Er mit der Aufnahme in das irdische Königreich Gottes; und das ernste Wort über die, welche Seinen Jüngern den Dienst der Barmherzigkeit versagen, hat seinen Grund darin, weil sich in der Behandlung Seiner Jünger die Stellung kundgibt, die Ihm gegenüber eingenommen wird."

gleich zu der heutigen Evangelisations- und Missionsarbeit und sagt: „Was jetzt zur Bekehrung der Nationen in allen Weltgegenden getan wird, insonderheit durch wackere Arbeiter aus der evangelischen Kirche, das gehet nicht leer ab, es wird auch Lob und Lohn darauf erfolgen. Das alles zusammen ist ein guter Versuch. Wann aber Gott einmal seine Hand ausstrecken wird, so wird es ihm ein größeres Stück geben. Jetzt kostet es viel Mühe und Zeit, bis aus etlichen Heiden wahre Christen gemacht werden, *alsdann aber wird es haufenweise geschehen.* Wem die Ehre Gottes angelegen ist, dem kann dieses eine große Aufmunterung bringen." Ähnlich sieht es *D. Hermann von Bezzel,* der ehemalige bayrische Kirchenpräsident, wenn er sagt: „Wo wird das Tausendjährige Reich sein? Es wird hier auf Erden sein — ein Friedensreich des Herrn Jesu mit besonderer Steigerung der Mission. Diese wird dann Volkssache werden! — Es wird sich am Ende der Tage eine Christengemeinde in Israel bilden. Die Heidenchristen wird es nicht mehr geben. Die Christengemeinde der Endzeit wird der Anziehungspunkt für alle noch vorhandenen Heidenchristen sein und für alle, die noch aus den Heiden kommen werden."

Sowohl Albrecht Bengels als Hermann von Bezzels Hinweise entsprechen ganz dem Zukunftsbild der biblischen Prophetie vom kommenden Friedensreich des Messias. Die meisten der Propheten haben es ja kommen sehen als *irdisches* Geschichtsziel des Heils. Jesaja sieht „den Berg, da das Haus des Herrn ist, feststehen, höher denn alle Berge, und über alle Hügel erhaben werden; und werden alle Heiden (Nationen) dazulaufen und viele Völker hingehen und sagen: Kommt, laßt uns auf den Berg des Herrn gehen, zum Hause des Gottes Jakobs, daß er uns lehre seine Wege und wir wandeln auf seinen Steigen! Denn von Zion wird das Gesetz ausgehen und des Herrn Wort von Jerusalem. Und er wird richten unter den Nationen und strafen viele Völker. Da werden sie ihre Schwerter zu Pflugscharen und ihre Spieße zu Sicheln machen. Denn es wird kein Volk wider das andere ein Schwert aufheben, und werden hinfort nicht mehr kriegen lernen" (Jes. 2, 2—4).

Welch eine nie gekannte „Zurück-zu-Gott-Bewegung" wird es werden, wenn sich so die „Gerechten", die das Völkergericht bestanden haben, ihre Völkerschaften und ihre kommenden Geschlechter in Scharen zum Herrn, ihrem Gott, bekehren.

Wahrlich — *die Wiederkehr unseres Herrn hinter der Dämmerung der Endzeit ist ein Tagesanbruch ohnegleichen.* Unsere Welt geht einer großen Zukunft entgegen! Im Horizont leuchtet der Tag.

Scheidungen auch im kommenden Gottesreich

Der kommende Tag sollte nicht unterschätzt, aber auch nicht überschätzt werden. Die „große Scheidung" wird nach der Weissagung auch die ganze Zeit des Tausendjährigen Reiches über noch währen. Denn — wohl ist Satan gebunden; nicht aber die innewohnende Sünde und angeborene Rebellion des Menschenherzens wider Gott. „Und alle übrigen Heiden (Nationen), die wider Jerusalem zogen, werden jährlich heraufkommen anzubeten den König, den Herrn Zebaoth, und zu halten das Laubhüttenfest. Welches Geschlecht aber auf Erden *nicht heraufkommen* wird gen Jerusalem anzubeten den König, den Herrn Zebaoth, über die wird's nicht regnen. Und wo das Geschlecht der Ägypter nicht heraufzöge und käme, wird's über sie auch nicht regnen. Das wird die Plage sein, womit der Herr plagen wird alle Heiden, die nicht heraufkommen zu halten das Laubhüttenfest. Denn das wird eine *Sünde* sein der Ägypter und aller Heiden, die nicht heraufkommen, zu halten das Laubhüttenfest." So lesen wir es in den Zukunftsweissagungen des Propheten Sacharja (Kap. 14, 16—19). Es wird zwar ein wunderbarer Tag sein — der „liebe" Jüngste Tag, wie Luther ihn bezeichnet hat. Bei einer enormen Mehrung der Lebenskraft der Menschen (Jes. 33, 24) und einer Erhöhung des Menschenalters wie in den Tagen der Stammväter der Menschheit (Jes. 65, 22 b) wird selbst der Herr „fröhlich sein über Jerusalem und sich freuen über sein Volk; und soll nicht mehr darin gehört werden die Stimme des Weinens noch die Stimme des Klagens. Es sollen nicht mehr da sein Kinder, die nur etliche Tage leben, oder Alte, die ihre Jahre nicht erfüllen . . ." (Jes. 65, 19—20 a). Wir haben schon darauf hingewiesen: Keine Verführung von außen her kann mehr das Menschenherz zum Aufstand reizen wider Gott. Satan, der Verführer der Nationen, ist gebunden (Offb. 20, 1—3). Und doch, trotz dieser wirksamen Bindung Satans muß derselbe Prophet von Knaben sprechen, die „hundert Jahre alt sterben und von *Sündern,* die hundert Jahre alt verflucht werden" (Jes. 65, 22 b).

Der Tag, dem keine Nacht mehr folgt

Warum aber muß im Blick auf das Friedensreich des Herrn mit solch schmerzlichen Grenzen gerechnet werden? — Bei dieser Frage haben wir das Folgende zu bedenken: Der Mensch stand und steht zu allen Zeiten unter dem Adel seiner anerschaffenen Freiwilligkeit. Unter diesem Adel kann er, wie heute so auch in jenen Tagen, sowohl das *Ja zu Gott* als auch das *Nein gegen Gott* und sein Wort sprechen. Nur das klare Ja des Herzens führt auch dort wie heute zur Wiedergeburt und damit zu einer neuen Innerlichkeit. Nur unter diesem Ja kommt es zur Thronbesteigung Jesu in den Herzen, wie sie sich so geheimnisvoll auf dem Wege der Buße und des Glaubens vollzieht. Nur in diesem bewußten und gewollten Ja des Menschen kann Gott ein Neues schaffen. Das Nein aber führt auch im kommenden Gottesreich in die Nacht. So wird am Ende des Tausendjährigen Reiches noch einmal „die große Scheidung" erfolgen. Satan muß aus seiner tausendjährigen Haftstrafe nach Recht und Gerechtigkeit Gottes noch einmal losgelassen werden. Es kommt zunächst zu einer „Probe des Erfolgs" bei den Menschen. Haben die guten Verhältnisse im irdischen Friedensreich Christi die Änderung der Menschen herbeigeführt? Ist es wahr, was durch die Jahrtausende der Menschheitsgeschichte hindurch immer wieder im Gegensatz zu Gottes Wort behauptet worden ist: „Machet des Menschen Verhältnisse gut, dann wird der Mensch gut?" Was geschieht nach dem Zeitalter bester Verhältnisse unter der Herrschaft des besten Regenten und Herrn der Welt? Der Satan stößt auf eine explosiv gespeicherte Rebellion der Menschenmassen. Sie bricht sich noch einmal in weiten Bereichen der Menschheit Bahn. Alles war ihnen geschenkt, was das Leben auf dieser Welt schön machte und befriedigen konnte. Nur das Sündigen war ihnen verboten. Und weil der Mensch nicht sündigen durfte, wurde er zunehmend unzufrieden mit Gott. In der wahnsinnigsten Empörung, die jemals der Erdball gesehen hat, „versammeln sich die Heiden (Nationen) an den vier Enden der Erde zum Streit, welcher Zahl ist wie der Sand am Meer. Und sie zogen herauf auf die Breite der Erde und umringten das Heerlager der Heiligen und die geliebte Stadt, und es fiel Feuer von Gott aus dem Himmel und verzehrte sie. Und der Teufel, der sie verführte, ward geworfen in den feurigen Pfuhl und Schwefel, da auch das Tier und der falsche Prophet war; und sie werden gequält werden Tag und Nacht, von Ewigkeit zu Ewigkeit" (Offb. 20, 7—10).

Der große Philosoph *Immanuel Kant* hat einst in Anlehnung an die biblische Lehre von der „Erbsünde" gesagt: *Der Mensch ist radikal böse.* Goethe hat ihm widersprochen und behauptet, Kant habe mit diesem Satz seine eigene Philosophie „beschlappert". Soweit wir freilich die Biographie Goethes kennen, hätte auch er von seinem eigenen Leben her Grund gehabt, der Wahrheit von der „angeborenen Verderbnis menschlicher Natur" zuzustimmen. Aber, was bis dahin von den Gegnern der biblischen Wahrheit in Zweifel gezogen werden konnte, wird nunmehr im totalen Menschheitsbankerott dieses stürmischen Sonnenuntergangs vor Menschen, Engeln und Dämonen als unwidersprechbar erwiesen sein: „Es sei denn, daß jemand von neuem geboren werde, aus Wasser und Geist, sonst kann er nicht ins Reich Gottes kommen" (Joh. 3).

Nun ist das Fanal zum letzten Gericht gegeben. Die reinigenden Feuerbrände eines totalen Weltgerichtes über Engel und Menschen verzehren das Böse und verbannen das Nichtwandelbare in das „Draußen" der Nacht. Dann aber wandelt Gott selbst den ersten Himmel und die erste Erde in einen neuen Himmel und in eine neue Erde nach seiner Verheißung, „in welchen Gerechtigkeit wohnt" (2. Petr. 3, 13).

So vollendet sich die große Scheidung in der Übergeschichtlichkeit einer erneuerten Welt, in der „Gott sein wird alles und in allen" (1. Kor. 15, 28).

Der Prozeß der Scheidung, mit dem Jesus so nachdrücklich die Weissagung seiner Zukunftsrede in Matthäus 25 abschließt, hat, wie wir sahen, bereits seinen Anfang genommen. Wir alle sind mit einer klaren Scheidung vom breiten Weg des Verderbens in das Kraftfeld der Reinigung des Lebens durch das Blut Christi und zu einem neuen Leben in seinem Geiste gerufen. Bald folgt die nächste Stufe der großen Scheidung in der Entrückung der Gemeinde und im Gericht der Völker beim Kommen des Herrn. Der Gang durch die aktuellen Weissagungen der Ölbergrede Jesu hat es uns wissen lassen und hat uns in seelsorgerischem Erbarmen durch die Dämmerung der Endzeit und den ihr folgenden Tagesanbruch ins Licht des kommenden Tages geführt. Aber auch Gottes kommender Tag und sein verheißenes Friedensreich wird im Zeichen der Scheidung stehen. Und die neue, die übergeschichtliche Welt der ewigen Vollendung? Auch sie steht in diesem Zeichen. „Denn es wird nicht hineingehen irgendein Gemeines und das da Greuel tut und Lüge, sondern die geschrieben sind in dem Lebensbuch des Lammes" (Offb. 21, 27).

Gottes Wort steht! Entscheidung tut not! Es *geht* um Entscheidung, und in der Entscheidung um Scheidung, und in der Scheidung um Entschiedenheit!

Wohl dem, der mit Jesus geht! Wohl dem, der im *Wesen* des Christseins steht!

DIE NEUE THOMPSON-
STUDIENBIBEL

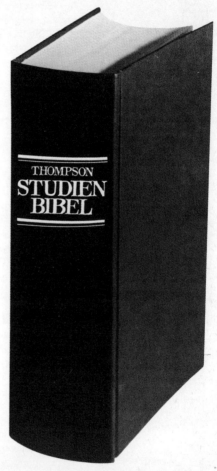

Die neue Thompson-Studienbibel

- ist die **umfangreichste Studienbibel,** die es gibt.
- hat den **revidierten Luthertext 1984,** der über das Jahr 2000 hinaus Gültigkeit haben wird.
- hat **über 1000** (in Worten: eintausend) **Seiten Erklärungen** zum laufenden Bibeltext.
- vermittelt eine **einzigartige Gesamtschau** biblischer Aussagen vom Ersten Buch Mose bis zur Offenbarung des Johannes.
- erschließt Ihnen durch ein **einmaliges Studiensystem** den Zusammenhang von **100 000** (in Worten: einhunderttausend) **Bibelstellen.**
- ist eine **einmalige Anschaffung** für alle Bibelleser.

Was ist das neue Konzept dieser Studienbibel:

Das Fundament dieser Studienbibel ist eine **thematische Zusammenfassung von Bibelstellen.** Schlüsselaussagen der verschiedenen biblischen Bücher zum jeweils behandelten Stichwort werden zusammengetragen.

Jedes **Thema** ist mit einer **Kennziffer** gekoppelt, die am Rand des laufenden Bibeltextes zusammen mit dem thematischen Stichwort erscheint. Im Anhang sind diese Studienhilfen numerisch aufsteigend geordnet – damit Sie einen schnellen Zugriff darauf haben.

Eine Vielzahl **visueller Hilfen** erleichtert die Arbeit mit der Studienbibel. Grafiken, Skizzen, gezeichnete Karten mit Querverweisen zum biblischen Text sind in einmaliger Fülle vorhanden.

Fritz Hubmer
Der Heilsplan Gottes
Pb., 156 S., Nr. 71 285, DM 16,80

In der Fülle weltanschaulicher Heilsangebote orientiert dieses Buch über die Sinndeutung der Geschichte und ihr Ziel aus der Sicht der Bibel. Die Selbstoffenbarung Gottes und sein Heilshandeln von der Schöpfung über die Erlösung durch Christus bis hin zur Vollendung werden anschaulich dargestellt.

A. W. Tozer
Das Wesen Gottes
Pb., 140 S., Nr. 71 258, DM 15,80

Tozers Studie bietet Korrekturen für unser Glaubensleben an, indem er eine auf biblische Aussagen basierende Gottesvorstellung neu ins Gedächtnis ruft. Er tut es, indem er u.a. die folgenden Eigenschaften Gottes behandelt: Dreieinigkeit, Unbedingtheit, Ewigkeit, Unendlichkeit, Unveränderlichkeit, Allwissenheit, Weisheit, Allmacht, Erhabenheit, Allgegenwart, Treue, Güte, Gerechtigkeit, Barmherzigkeit, Gnade u.a.

Fritz Grünzweig
Die Bergpredigt
Antworten auf Fragen von heute
Pb., 240 S., Nr. 71 266, DM 24,80

Die Frage nach der Stellung der Christen zur Gewalt ist in vielen Teilen der Welt brandaktuell. Die jeweiligen politischen Umstände fordern sie geradezu heraus, hier eine Antwort zu geben. Auch in der westlichen Welt wird sie im Zusammenhang mit dem christlichen Friedensengagement immer wieder kontrovers diskutiert. Auf diesem Hintergrund bietet der Autor eine gründliche, seelsorgerliche Auslegung der Bergpredigt.

Bitte fragen Sie in Ihrer Buchhandlung nach diesen Büchern!
Oder schreiben Sie an den Hänssler-Verlag, Postfach 12 20,
D-7303 Neuhausen/Stuttgart